1

2

my
HOLY
NIGHT

Christmas by Pit Boston

FSC
www.fsc.org
MIX
Papier aus ver-
antwortungsvollen
Quellen
Paper from
responsible sources
FSC® C105338

4

Design & Layout: Pit Boston

Stories frei erfunden

Impressum

Herstellung und Verlag:
BoD - Books on Demand, Norderstedt
ISBN 978-3-7448-1099-9

© 2017

Entree

Irgendwo am Rand der Zeit
Dort, wo nichts mehr ist und wird
Wartet eine Seligkeit
Die nur da ist und nicht stört

Dort am Rand des Alls, im Nichts
Findest du dich noch einmal
Dort am Ende allen Lichts
Hast du endlich jede Wahl

Kannst entscheiden wie du willst
Keiner fragt dort mehr: *Wieso*
Keiner sagt dir, wie du fühlst
Keiner macht dich bös und froh

Alles ist dein eignes Tun
Dort am Ende aller Zeit
Willst du schaffen oder ruhn
Bleibst du dumm
Wirst du gescheit

Dieser Ort jedoch ist fern
Du erreichst ihn nimmermehr
Du bist hier auf diesem Stern
Und entscheiden fällt oft schwer

Am Berg

Verrückte Stadt
Verhallt mein Schrei nach Liebe
Die Menschen hier, die geben mir nichts mehr
Ich zieh davon in aller Herrgottsfrühe
Zum fernen Ort
Der Abschied fällt nicht schwer

Am schroffen Berg
Ein Schneesturm schlägt ins Auge
Bau ich ein Zelt
Ein Bär streicht nah vorbei
Ich atme tief
Wohin ich immer schaue
Wacht Einsamkeit
Sie ist mir einerlei

7

Die Nacht beginnt
Und Kälte zieht ins Herze
Und Sehnsucht sinnt
Nach einem andern Du
Ich ess mein Brot
Mich wärmt nur eine Kerze
Doch irgendwie
Komm ich wohl nicht zur Ruh

Mein Licht verlischt
Die Müdigkeit erdrückt mich
An jenem Berg
Der Sturm zog lang vorbei
Gedankenflug
Der Mond scheint unerbittlich
Ins Zelt hinein
Und leckt die Seele frei

Aus meinem Traum
Entsteigt ein fremdes Wesen
So wunderschön
Und mir wird's langsam warm
Mir ist's, als sei es immer hier gewesen
Ich spüre Glück
Vorbei der alte Gram

Doch bleibt nur kurz
Dies sagenhafte Wunder
Es flieht die Nacht
Und fliehen will mein Traum
Er schien so nah
Nie war ein Märchen bunter
Doch blieb in meiner Seel
Am Ende doch nur Schaum

Ein neuer Tag
Holt mich aus meinem Schlummer
Der Berg ruht stumm
Ich kriech aus meinem Zelt
Die Einsamkeit bringt
Trauer, Tränen, Kummer
Und ich brech auf
Zieh wieder in die Welt

Verweht die Nacht
Zerfallen mit den Träumen
Jenseits des Bergs
Erkenn ich plötzlich *Dich*
Und meine Spur verweht
Schon zwischen kahlen Bäumen
Dort hinterm Berg
Da küss ich Dein Gesicht

Friedensballade

Und als der Hass noch größer wurde,
da zog man wieder in den Krieg
Rot färbte sich die Erd vom Blute
Doch nie erreichte man den Sieg

Und auf dem Schlachtfeld, Aug in Auge,
dort wollte man den letzten Schlag
Es waren Menschen, so vertraute
Es schien der letzte Lebenstag

Und als man schrie: „Auf, auf, zum Kampfe",
war dort und da man wie erstarrt
Ein Schrei, erstickt im Todeskampfe,
weil keiner es zu glauben wagt

Wo sonst erbleicht die toten Körper,
da stand ein Kind so lieb und zart
Ein Mensch, so klein, ein unversehrter,
zwischen den Lanzen, spitz und hart

Wenn jetzt, oh Gott, ein Schuss ertönte
Warum, du Kind, stehst du im Weg?
Doch still bliebs nur und keiner stöhnte
Das Kind sang leis ein Weihnachtslied

Da sanken nieder die Gewehre
Das Kind, es sang so lieblich fein
Und leis, ganz leis, durchs ganze Heere,
erhob sich jenes Liedelein

Wo blieb der Hass, wo all das Böse?
Das Schlachtfeld war kein Schlachtfeld mehr!
Ein Liedchen, ach, kein Kriegsgetöse
Wo kam nur all der Frieden her?

Schon bald lag man sich in den Armen
Es flossen Tränen ohne Zahl
All die, die her zum Sterben kamen,
sie ließen ab von aller Qual

Und als die Feinde Freunde wurden,
da ward das Kind nicht mehr zu sehn
Man hat gesucht es Stund um Stunden
Nur blieb dies Weihnachtslied bestehn

Es zog hinauf bis in den Himmel
Bis weit in die Unendlichkeit
Und lautlos ritt auf prächtgem Schimmel
ein Kind fern in die Dunkelheit

Und als es Heiligabend tönte
vom Kirchturm in der Heimatstadt,
da kehrten heim die vielen Söhne
Die Mütter warn vom Schmerz so matt

Hört drum auf alle Erdenkinder
Denn hier, nur hier lebt unsre Welt
Schon einmal war so kalt der Winter
War jene Menschheit fast zerschellt

Jetzt ist die Zeit der Friedenslieder
Die Kinder kennen jenen Text
Wie auch die Alten, heut und wieder,
ist man so tief und schwer verletzt

Ein letzter Krieg – ade Ihr Menschen!
Habt Ihr vergessen viel zu schnell?
Ihr wolltet doch fürs Leben kämpfen!
So viel verblüht, wenn´s nicht mehr hell

Nun ist der Tages-Tag gekommen
Wo geht es lang- bleibt uns die Angst?
Der Frieden wird sich immer lohnen,
weil du als Mensch von Gott abstammst

Gott wird uns auch den Krieg vergeben
Vor *IHM* sind Freund und Feinde gleich
ER ist der Tod, *ER* ist das Leben
Als Bettler arm, als Herrscher reich

Doch, wenn wir *IHN* erkennen wollen,
in fernster Zeit, Unendlichkeit,
so müssen wir die Kinder holen
Ein Kinderlachen gegen Leid

Es geht nicht nur um Krieg und Frieden
Es geht nicht nur um diese Welt
Wir müssen lernen, neu zu lieben
Weil Liebe nur den Mensch erhält

So lernt auf ewig all die Lieder
So lobt der Weihnacht heilges Licht
Und wo man Krieg will, jetzt und wieder,
hat jedes Kinderlied Gewicht!

Die Angestellte

Es war ein Morgen, irgendwann
Der Kaffee schmeckte schlecht, so schlecht
Noch schnell ein Küsschen für den Mann
An diesem Morgen, irgendwann
Sie macht' es allen immer recht

An jenem Tag, als Regen fiel,
war's trübe noch und seltsam lau
Ihr Job war hart, kein leichtes Spiel
Der Tag war grau und Regen fiel
Sie war 'ne starke schwache Frau

Sie sah das Elend vis-à-vis
Und mancher Fall wog tonnenschwer
Sie hielt es durch, wohl irgendwie
Sie sah manch Trauer vis-à-vis
Doch auch sie selbst schien müd und leer

Vorm Spiegel in der Pause dann,
da sah sie sich und weinte leis
Ein Handyklingeln – wohl der Mann
Vorm Spiegel jetzt – minutenlang
Und irgendwo zerschmolz das Eis

Was, wenn sie einfach wortlos ging
Dorthin, wo alles Glück vielleicht
Dorthin, wo aller Segen hing
Wer fragt, wenn sie jetzt einfach ging
Ob's für das Leben dann noch reicht

Sie schloss die Augen, hielt sich fest
Sie wankte hin und wieder her
Was, wenn man sich mal treiben lässt
Sie hielt am Waschbecken sich fest
Im Leben geht so manches quer

Was für ein schöner ferner Traum
Sie wischte sich die Tränen fort
Mit Seife und mit reichlich Schaum
wusch sie sich ab den großen Traum
Man rief nach ihr mit lautem Wort

Und lächelnd lief sie schnell zurück
Ein neuer Kunde wollte Rat
Wo liegt des Lebens größtes Glück
Sie lief nur ins Büro zurück
Und tat, was sie sonst immer tat

Sie sagte Ja, sie sagte Nein
Der Arbeitstag ging schnell vorbei
So musste es wohl immer sein
Ein Leben zwischen Ja und Nein
Ihr Mann kam heim, so gegen 3

Der Schauspieler

Er hatte einfach nur gelacht
Der Schauspieler im letzten Akt
Er sah uns an und hat gelacht
Woran nur hatte er gedacht?
Der Schauspieler im letzten Akt

Er spielte so unsagbar gut
Der Schauspieler gab alles hin
Er weinte auch und zeigte Wut
Ging es ihm wirklich immer gut?
Der Schauspieler gab sich nur hin

Am Ende ging der Vorhang zu
Der Schauspieler schminkte sich ab
Er wollte jetzt nur seine Ruh
Der Vorhang ging für heute zu
Es war ein wirklich guter Tag

Dann ging er heim, tief in der Nacht
Die Frau, die Kinder schliefen schon
Ein Kuss für alle, nur ganz sacht
Denn es war still und es war Nacht,
fernab vom Bühnenmikrofon

Und als er träumte, selbst sich sah,
da spürte er auch Einsamkeit
Wer er im Spiel auch immer war,
er blieb allein dort, unnahbar
Und Frau und Leben schienen weit

14

Er brauchte den Theaterschein
Die Kinder hatten ihn vermisst
Er wollte jemand anders sein
Ein Leben zwischen Schein und Sein
Er hat die Frau nur sacht´ geküsst

Am nächsten Morgen gegen 8
ging er zur Probe für sein Stück
Er hat „Adieu" nur leis gesagt
Ging ins Theater gegen 8
Denn dort, nur dort fand er sein Glück

Er hatte wieder gut gespielt
Der Schauspieler im letzten Akt
Ob er sich wirklich wohl gefühlt?
Wer weiß das schon – er hat gespielt!
Ein Schauspieler im letzten Akt

15

An Gott

Sag mir, warum hilfst Du nicht?
Lieber Gott im Himmelzelt
Schau mir doch mal ins Gesicht
Sag, warum hilfst Du mir nicht?
Es ist kalt auf Deiner Welt

Sag mir, warum sprichst Du nicht?
Lieber Gott, dort, irgendwo
Spende doch mal Trost und Licht
Sag, warum nur sprichst Du nicht?
Bin so einsam und nicht froh

Sag mir, warum bleibst Du fort?
Lieber Gott, Du großer Mann
Hörst Du nicht mein fragend' Wort?
Sag, warum nur bleibst Du fort?
Ich zerbreche irgendwann!

Sag mir, gibt's Dich überhaupt?
Lieber Gott! Bist Du Prophet?
Bist Du leise oder laut?
Scheinst doch irgendwie vertraut
Kennst Du meinen rechten Weg?

Sag mir, wann kommt meine Zeit?
Lieber Gott, Du bist so fern
Überall scheint Dunkelheit
Sag, wann kommt mal meine Zeit?
Plötzlich strahlt ein heller Stern

Weihnachtsgeschichte

Ein Weihnachtsabend gegen 3
Das junge Paar sitzt unterm Baum
Ein kleines Kind ist auch dabei
Es ist an Weihnacht gegen 3
Was für ein schöner Weihnachtstraum

Gleich gibt's Geschenke reichlich, satt
Das Kind, gespannt, ist voll von Glück
Der Weihnachtsmann kommt in die Stadt
Und bringt Geschenke, reichlich, satt
Und Papa kennt den Weihnachtstrick

Er geht hinaus und lächelt leis
Und sagt noch schnell – gleich ist's soweit
Die Spannung steigt, dem Kind wird's heiß
Der Papa lächelt nur ganz leis
Und so vergeht die Stund, die Zeit

Die Mutter nimmt das Kind zu sich
Und streichelt sacht ihm übers Haar
„Wo bleibt der Papa", fragt sie sich
Und nimmt das Kind ganz sacht zu sich
Der Weihnachtsmann ist noch nicht da

Der Abend geht, längst schläft das Kind
Es hat nach Papa kurz gefragt
Vorm Hause streicht ein eisig' Wind
Die Mutter bracht ins Bett das Kind
Und hofft am Fenster voller Klag

Wo bleibt der Papa, wo der Mann?
Warum in dieser Weihnachtsnacht?
Lang schaut im Spiegel sie sich an
Wo bleibt nur unser Weihnachtsmann?
Hat der sich aus dem Staub gemacht?

Am nächsten Morgen klingelts früh
Zwei Polizisten stehn vorm Haus
Sie stelln sich vor und fragen sie
Für manche Nachricht ist's zu früh
So sieht kein Weihnachtsmorgen aus

Man fand den Wagen irgendwo,
zerschellt an einer Häuserwand
Da war das Glatteis, einfach so,
in einer Straße, irgendwo
Den Toten man erst morgens fand

Die Polizisten gehen schnell
nach Haus, wo Weihnachtsmusik singt
An jenem Morgen wird's nicht hell
Und mancher Tod kommt eben schnell
Manch' Papa nie Geschenke bringt

Das Kind erwacht so gegen 10
Und fragt nach seinem Papa bald
Die Mutter bleibt im Zimmer stehn
Es ist an Weihnacht, früh um 10
Und in der Wohnung ist's so kalt

Sie nimmt das Kind in ihren Arm
Und drückt es fest ans Mutterherz
Wolln wir zum Weihnachtsmann jetzt fahrn?
Sie hält das Kind ganz fest im Arm
Und schluckt hinunter ihren Schmerz

Und alle Fragen bleiben fort
Es gibt auch keine Fragen mehr
Wo gestern noch ein schöner Ort,
bleibt aller Weihnachtszauber fort
Der Weihnachtsmann kommt nimmer mehr

Sie steigt ins Auto mit dem Kind
„Komm lass nach Papa uns jetzt schaun"
Es weht nur eisig kalt ein Wind
Sie fährt davon mit ihrem Kind
Auch draußen steht manch´ Weihnachtsbaum

Man sieht sie rasen übers Land
Es fällt der Schnee so weiß und dicht
Sie nimmt das Kind fest an die Hand
Es ist doch Weihnachten im Land
Die nächste Kurve sieht sie nicht

Dann ward es still – kein Schnee, kein Wind
Nur einsam steht ein Weihnachtsbaum
Sie stieg ins Auto mit dem Kind
Und wollt zum Weihnachtsmann geschwind
Nur einmal noch den Weihnachtstraum

Und irgendwo zur Weihnachtszeit,
da wartet manches Kind verzückt
auf Papa mit dem Weihnachtskleid
Am Himmel hoch zur Weihnachtszeit
leuchten drei Sterne voller Glück

Weihnachten an „Ausfahrt 77"

Das Schneetreiben nahm einfach kein Ende mehr. Immer dichter verwehte der immer stärker werdende Sturm die riesigen Flocken und Susan musste das Scheinwerferlicht ihres Wagens abblenden, um überhaupt noch etwas zu erkennen. Mit aller Macht krachten die Sturmböen in ihr Fahrzeug und es schien beinahe unmöglich weiterzufahren. Sonderbarerweise schien sie plötzlich ganz allein auf der Autobahn zu sein. Allerdings verwehrte der tosende Blizzard ohnehin, dass sie die Scheinwerfer anderer Fahrzeige wahrnehmen konnte. Längst fuhr sie nur noch Schritttempo, und da bemerkte sie es, dieses etwas windschiefe Schild, welches auf die „Ausfahrt 77" hinwies.

„Da muss ich mal raus!", rief sie laut und ihre Entscheidung schien goldrichtig zu sein. Denn plötzlich krachte ein riesiger Baumstamm mitten auf die Fahrbahn und versperrte den Weg. Susan aber fuhr die „Ausfahrt 77" von der Autobahn ab. Die Straße allerdings wurde schmaler und schmaler und mündete schließlich in einen unbefestigten Weg. Der führte geradewegs in ein dichtes Waldstück. Dort ging es nicht mehr weiter und Susan nahm an, dass es sich um einen kleinen Waldparkplatz handelte. Nur war sie ganz alleine dort.

„Nicht einmal den Schnee hat einer weggeräumt!", murrte sie in sich hinein.

Als sie den Motor des Wagens ausgeschaltet hatte, vernahm sie das Donnern und Tosen des Sturmes, der sich in den zahllosen Tannen verfing und die Schneewolken wie eine riesige Herde vor sich hertrieb. Susan hustete und dachte an ihre Eltern. Eigentlich war sie auf dem Weg zu ihnen und wollte unbedingt abends, zum *Heiligen Abend*, dort sein. Aber nun? Es war so dunkel, dass sie glaubte, es sei schon tiefste Nacht. Nervös kramte sie ihr Handy aus der Tasche. Doch es war wie verhext, an diesem verlassenen Ort gab es einfach kein Netz. Aussteigen wollte sie nicht, denn der Sturm war einfach zu stark. So kippte sie die Lehne ihres Sitzes nach hinten, legte sich gemütlich in das entstandene bettähnliche Gebilde und schloss ihre Augen.

Zur gleichen Zeit war auch Familie Miller, Ron, Lena und der kleine Tim, auf dem Weg nach Hause. Und auch sie benutzten jene Autobahn, auf welcher schon Susan gefahren war. Auch sie wunderten sich, dass sie plötzlich ganz allein unterwegs waren. Schließlich fanden sie die winzige „Ausfahrt 77", welche auch Susan genommen hatte, um den Blizzard abzuwarten. Familienvater Ron schimpfte und Lena, seine Frau, versuchte, den Frieden wiederherzustellen.

„Dann schaffen wir es eben nicht!", zischte sie, *„Den Weihnachtsbaum können wir morgen immer noch aufstellen!"*

Langsam glitt der Wagen unter den mit Schnee bedeckten Tannen entlang und erreichte den winzigen Parkplatz, wo auch Susan stand. *„Schaut mal"*, rief Tim, der kleine Sohn der Familie, laut, *„dort steht noch ein Auto!"*

Ron hatte es ebenfalls bemerkt und hielt den Wagen an. Lena musste kichern und sagte mit bebender Stimme: *„Das sich hierher noch jemand verirrt hat, unfassbar."*

Die kleine Familie starrte aus dem Wagen in das wilde Schneegestöber und hatte das Weihnachtsfest, den *Heiligen Abend*, längst abgeschrieben.

Plötzlich ließ der Sturm nach und Ron wollte den Wagen wieder starten. Doch aus irgendeinem Grund funktionierte etwas nicht.

„Auch das noch!", rief er entnervt und stieg aus. Auch Susan hatte wohl mitbekommen, dass der Sturm vorüber war und wollte abfahren. Und auch ihr Wagen streikte. Immer wieder versuchte sie es und starrte dabei genervt zu dem anderen Wagen, dem es ebenso erging. Ron zuckte hilflos mit den Schultern und lehnte sich kopfschüttelnd an seinen Wagen. Nun stiegen auch der kleine Tim und seine Mama Lena aus und sprangen vergnügt durch den Schnee. Die beiden schien es gar nicht zu stören, dass sie an diesem merkwürdigen verlassenen Orte festsaßen. Im Gegenteil, sie freuten sich und trällerten ein Weihnachtslied nach dem anderen. Susan stieg ebenfalls aus ihrem Auto und rief: *„Es hat wohl wenig Sinn,*

in den Motorraum zu sehen! Oder haben Sie Ahnung?" Damit schaute sie zu Ron, der immer wieder mit den Schultern zuckte.

„Wissen Sie was", rief Lena, *„wir haben einen Weihnachtsbaum dabei. Den haben wir eigentlich für heute Abend besorgt, es war der letzte, ein bisschen schief zwar, aber egal. Wollen wir ihn hier aufstellen?"*

Tim rief laut: *„Ja, das wär wirklich schön"*, und Susan nickte, während sie sich die kalten Hände rieb.

„Ich habe Streichhölzer dabei, und wenn wir ein bisschen Reisig sammeln, das halbwegs trocken ist, könnten wir uns ja ein Lagerfeuer machen."

Susan fand diese Idee großartig und holte die Flasche Sekt, die eigentlich für ihre Eltern bestimmt war, aus dem Wagen.

„Und die trinken wir dazu!", rief sie laut.

„Schade, dass wir nichts zu essen dabei haben", meinte Ron.

Und während die anderen nach trockenem Reisig suchten, holte Susan die Becher ihres Saftservice aus dem Wagen.

„Das war eigentlich ein Geschenk für meine Eltern, für den Sommer, wenn sie im Garten ihres kleinen Häuschens sitzen. Komisch, nun muss es ausgerechnet im Winter ausprobiert werden!"

Lena und Ron mussten kichern und Tim sprang immer wieder durch den meterhohen Schnee, um sich in besonders hohe Haufen einfach fallen zu lassen. Es dauerte nicht lange, da hatten sie eine Menge Holz gesammelt und Ron versuchte, das Lagerfeuer zu entfachen. Doch so sehr er sich auch mühte, das Feuer wollte nicht entstehen.

Plötzlich knackte es laut. Die Vier zuckten zusammen!

„Haben Sie das gehört? Was war das?", rief Lena.

„Ist vielleicht ein Bär oder ein noch wilderes Tier!", entgegnete Susan und musste lachen. Den anderen Dreien aber war es nicht nach lustig sein. Sie verzogen sich in ihren Wagen und schauten von dort ängstlich in die Dunkelheit. Plötzlich bohrten sich zwei Scheinwerferkegel in die Nacht und ein drittes Fahrzeug rollte heran. Es war ein winziges altes Auto, welches klapperte und quietschte. Es schien wohl ebenfalls nicht mehr weiterfahren zu wollen und hielt schließlich neben den anderen beiden Autos an. Kaum war der Motor aus, sprang ein junger Mann aus dem Wagen. Der stöhnte laut und rief aus voller Kehle: *„Was für ein blöder Abend! Das hatte gerade noch gefehlt!"*

Nun kamen auch die anderen aus ihren Autos und gesellten sich zu dem Neuankömmling.

„Ist die Autobahn immer noch dicht?", erkundigte sich Ron und der junge Mann, der sich unbedingt

John ansprechen lassen wollte, meinte, dass er einfach nur eine Pause machen wollte.

„Sagen Sie mal ... John ... haben Sie getrunken?", wollte Susan von dem unbekümmerten, ziemlich kecken Mann wissen. Der vermeintliche John pfiff sich ein Weihnachtsliedchen und rief: *„Ein wenig, aber was soll's! Es geht sowieso nicht mehr weiter! Ich bin eben rausgeflogen und kann jetzt tun und lassen, was ich will!"*

Ron und Lena verzogen ihr Gesicht, nur Susan schien das nicht zu stören. Sie fand den frechen Jüngling möglicherweise recht nett und lächelte ihn verlegen an. Als John bemerkte, dass Ron das Reisig nicht anzünden konnte, kramte er aus dem Kofferraum seines Autos mehrere Einmalgrills hervor.

„Damit dürfte es wohl gehen! Zufällig habe ich in einer solchen Fabrik gearbeitet, die so was herstellt. Habe einige heimlich beiseitegeschafft und die können wir nehmen!"

Ron und Lena fanden das zwar nett, doch über die Art und Weise, wie John zu den Einmalgrills gekommen war, rümpften sie nur die Nase. Als dann aber das Lagerfeuer knisterte und einen angenehmen, warmen Feuerschein verbreitete, schien es egal zu sein, woher die Grills gekommen waren. Sie waren da und das war einfach gut so. John hatte ein paar leere Bierkästen im Wagen und die holte er und stellte sie um das Feuer herum. Währenddessen brachte Ron den Weihnachtsbaum. Er steckte ihn in den tiefen Schnee gleich neben dem Feuer und Lena band noch ein paar Zellstofftaschentücher an dessen Äste, damit sie nicht so kahl aussahen. Etwas Anderes hatten sie ja nicht und dann setzten sie sich auf die Bierkästen und wärmten sich am Feuer die Hände. Susan rutschte immer näher an John heran, und der holte sein Pausenbrot, welches er an diesem Tag ja nicht mehr gebraucht hatte, um es mit den anderen zu teilen. Für jeden war ein belegtes Brot da und es schmeckte wirklich gut. Währenddessen öffnete Lena die Sektflasche. Genüsslich goss die jedem etwas in die Plastik-Saftbecher ein.

Dann erhob sie ihren Becher und wollte etwas sagen, da knirschte es plötzlich. Es hörte sich an, als wenn etwas durch den Schnee stapfte. Ron, der schon glaubte, ein Wolf wäre im Anmarsch, zog einen brennenden Ast aus dem Feuer und zischte: *„Bleibt wo ihr seid, ich versuche, das wilde Tier mit dem Feuer zu vertreiben."*

Es dauerte eine ganze Weile, ehe sich das vermeintliche Wildtier zeigte. Allerdings war es kein wildes Tier, sondern ein Mensch. Es war ein alter Mann, der irgendwie aussah wie der Weihnachtsmann. Zwar trug er keinen langen roten Mantel, sondern einen alten braunen, der obendrein auch noch kleine Löcher hatte. Und sein Bart war auch nicht weiß, sondern zerzaust und grau. Immerhin, einen Rucksack, wenngleich einen sehr ausgeleierten, hatte er auf dem Rücken.

Als er die Fünf an ihrem Lagerfeuer und dem danebenstehenden Weihnachtsbaume sitzen sah, blieb er stehen und räusperte sich laut. Keiner traute sich, etwas zu sagen und Ron warf schnell den brennenden Ast ins Feuer zurück, bevor er sich auf seine Kiste fallen ließ. Neugierig schaute sich der Alte um und räusperte sich erneut. Aber dann nahm er seinen Rucksack vom Rücken und ließ ihn in den Schnee plumpsen.

„Na", begann er zu sprechen, *„da war wohl der Winter schneller, als ihr gucken konntet, wie?"*

Und als er das sagte, schaute er sich den Weihnachtsbaum genauer an, welcher vom knisternden Lagerfeuer geheimnisvoll angeleuchtet wurde.

John fasste sich als erster und sagte: *„Ja, so kann man das wohl sagen! Auf der Autobahn geht's ja nicht mehr weiter. Aber irgendwie ist's wie im richtigen Leben."* Der Alte schaute John mit ernster Miene an und meinte schließlich: *„Manchmal sind unsere Wege einfach versperrt und wir müssen stehenbleiben. Dann müssen wir eben die nächste Ausfahrt nehmen, um nachzudenken, was wir tun können, stimmt's?"* Abwartend schaute er in die Runde und Susan hatte Tränen in ihren Augen. So gern wäre sie jetzt bei ihren Eltern, wäre bei ihrer Mutter und würde sie umarmen, wie auch ihren achtzigjährigen Dad. Der Alte schritt etwas näher an die mit den Tränen ringende junge Frau heran und nickte ihr aufmunternd zu, während er dabei seine Augen schloss.

„Keine Sorge, es geht ihnen gut. Sie sind wohlauf und warten auf dich."

Susan wollte etwas sagen, doch der Alte öffnete seine Augen und meinte dann: *„Fürchte dich nicht. Ich kann mir schon denken, dass du dich sehr um sie sorgst. Aber wenn ich dir sage, dass sie wohlauf sind, kannst du mir das glauben. Es wird alles gut."*

Lena musste sich nun ebenfalls die Tränen aus dem Gesicht wischen und hielt die Hand ihres Mannes ganz fest. Mit der anderen zog sie ihren kleinen Sohn fest an sich heran und ließ ihn nicht mehr los. Auch zu den Dreien stapfte der Alte und hatte wohl bemerkt, wie sehr Lena bemüht war, die Familie zusammen zu halten.

„Es ist doch nicht schlimm, Weihnachten mal nicht daheim zu feiern.", meinte er dann.

„So viele Menschen können das nicht. Ist es denn so wichtig, jeden Heiligen Abend im schicken Heim zu verbringen? Reichen dafür nicht auch ein verschneiter Tannenwald und ein Lagerfeuer mittendrin? Schaut, ihr habt

ein solch schönes Lagerfeuer gemacht und den Baum so wunderbar aufgestellt, besser geht's doch wirklich nicht. Ach so, noch was, egal, wo ihr auch immer seid, ihr seid zusammen. Das ist es, was zählt, Zusammensein! Und das ist doch ganz einfach und gar nicht schwer."

Als er Susan weinen sah, musste er ein wenig grinsen. Und als er so zu ihr stapfte, um sie sich genauer zu betrachten, sagte er: *"Und du solltest nicht ewig so allein durchs Leben gehen. Sieh mal, gar nicht weit von dir entfernt ist jemand, der heute ein liebes Wort gebrauchen kann. Denn er hat etwas verloren, das ihm sehr wichtig war."*

Bei diesen Worten schaute er kurz zu John, der das alles sehr gut zu verstehen schien. Er lächelte Susan an und die trank ihren Becher in einem Zuge leer. Schließlich wischte sie sich die Tränen aus den Augen und schob verlegen ihre Bierkiste neben Johns. Der zögerte gar nicht lang und nahm die junge hübsche Frau beherzt in seine Arme. Irgendwie schienen sie sich wohl gefunden zu haben, jedenfalls nickte der Alte wieder so seltsam, als er auf den Weihnachtsbaum zu stapfte. Unterwegs blieb er noch bei dem kleinen Tim stehen und strich ihm sachte über seine bunte Bommel-Mütze.

"Du musst mir versprechen, besser in der Schule zu lernen, sonst wird's nichts mit dem Berufswunsch Feuerwehrmann!"

Tim war wie erstarrt, hatte er doch nie gedacht, dass dieser alte Mann etwas von seinen Zensuren und schon gar nicht von seinem Traum von einem Feuerwehrauto wusste. Er wurde puterrot und schämte sich ein wenig. Doch der Alte ließ sich nicht beirren und sagte nur: *"Ach, nimm es nicht so schwer! Das schaffst du schon. Immerhin hast du heute den Weihnachtsmann gesehen. Wenn das nichts ist!"*

Er öffnete seinen Rucksack und holte einige bunt eingewickelte Dinge hervor. *„Hier, das ist für euch, und ich bin mir sicher, dass jeder sofort weiß, welches Geschenk für ihn ist. Ich muss nun weiter. Euch wünsche ich alles Glück dieser Welt und vergesst niemals diesen wundervollen Abend. Denn es ist euer Heiliger Abend. Gottes Segen und ahoi!"*

Mit diesen Worten schnallte er sich den alten Jute-Rucksack wieder auf den Rücken und verschwand alsbald zwischen dem Geäst der Sträucher und der düsteren Tannen.

Ron schaute nachdenklich zum lodernden Feuer und bemerkte, dass da noch der Wanderstock des Alten lag. Schnell sprang er auf, griff sich den Stock und rannte dem Alten hinterher, um ihm den Stock zu bringen. Doch so sehr er sich auch umschaute, den alten Mann konnte er nirgends mehr entdecken. So nahm er den Stock an sich und ging zurück. Die übrigen Vier saßen noch immer schweigend um den Weihnachtsbaum und das Lagerfeuer herum und wussten nicht, wie ihnen geschah. Dann aber rief John: *„Na los, lasst uns die Geschenke öffnen! So schnell finden wir ganz sicher keine mehr heute Abend!"*

Und so erhoben sich alle und nahmen sich je ein Päckchen. Merkwürdigerweise trugen alle Geschenke kleine Etiketten, auf denen ihre Namen verzeichnet waren. Schnell waren sie ausgepackt, wobei sich der kleine Tim besonders beeilte. Als alle ihre Päckchen geöffnet hatten staunten sie. John und Susan hatten je eine Reise in eine idyllisch gelegene Baude im Gebirge geschenkt bekommen. Und es war klar, dass sie diese Reise zusammen machen wollten. Lena wunderte sich, denn diesmal hatte sie kein Küchengerät bekommen, so wie sonst. Nein, es war etwas, dass sie sich schon lange gewünscht hatte: *ein Urlaub in einer winzigen Fischerhütte am Meer.*

Und auch Ron fand diesen Urlaubscheck in seinem Präsentkarton. Ja, und der kleine Tim bekam ein blinkendes, feuerrotes Feuerwehrauto, ein ferngelenktes, denn das wünschte er sich am allermeisten. Seine kleinen braunen Augen leuchteten und alle sahen, wie glücklich er war.

Noch sehr lange saßen die Fünf am Lagerfeuer und der *Heilige Abend* verging. Schließlich wurden sie müde und wollten nur noch eines: *nach Hause!*

Als schließlich auch das Lagerfeuer verlöschte, räumten sie alles in die Fahrzeuge, verabschiedeten sie sich voneinander und tauschten noch ihre Adressen aus. Zufrieden setzten sie sich in ihre Autos, und es war ganz merkwürdig, denn die Fahrzeuge ließen sich sofort starten. Langsam fuhren sie durch den tief verschneiten Winterwald zur Autobahn zurück. Und auch hier wunderten sie sich, denn es waren viele Fahrzeuge unterwegs.

„Ach, das war wirklich ein wunderschöner Heiliger Abend.", stöhnte Lena und Ron nickte ihr zustimmend zu. Währenddessen schlief der kleine Tim auf dem Rücksitz und hielt dabei seine neue feuerrote Feuerwehr ganz fest in seinen Händen. Susan und John fuhren hintereinander her und hatten nur ein einziges Ziel: die Liebe. Nie hätte Susan gedacht, auf eine solch merkwürdige Weise jemanden kennenzulernen. John fühlte sich ebenso und ihm war leicht, so leicht wie schon lange nicht mehr. Er wusste, dass er mit dieser fabelhaften Frau, mit Susan, alles schaffen könnte. Das gab ihm die nötige Kraft zum Weitermachen und für einen Neuanfang. Und dieses vermeintliche Wunder hatte ihm dieser sonderbare *Heilige Abend* gebracht.

Als Susan schließlich daheim bei ihren Eltern eintraf, kam sie diesmal nicht allein. Sie brachte einen netten, gutaussehenden jungen Mann mit, John.

Tim, der daheim wieder zu ganz neuem Leben erwachte, weil er nicht mehr müde sein wollte, setzte sich gleich an seinen Laptop. Er wollte unbedingt die Stelle heraussuchen, wo die Ausfahrt war, an welcher sie diesen merkwürdigen *Heiligen Abend* erlebt hatten. Doch als er auf der Karte nachschaute, gab es da weder eine solche Ausfahrt noch einen dichten Tannenwald. Nichts dergleichen war da zu sehen.

Als er den Laptop traurig wieder zuklappte, strich ihm seine Mama übers Haar und meinte: *„Ist es nicht egal, ob es diese Ausfahrt gibt oder nicht? Schau, wir waren alle zusammen und haben sogar ganz liebe neue Freunde kennengelernt. Und du mein Sohn, du hast den Weihnachtsmann gesehen. Das ist doch wirklich toll!"*

Tim sah das natürlich ein und er holte seine feuerrote Feuerwehr und ließ sie quer durchs Zimmer fahren. Und dabei war ihm, als wenn eine wohlbekannte Stimme raunte: *„War das nicht ein toller Heiliger Abend? Immerhin hast du heute den Weihnachtsmann gesehen. Das ist doch auch etwas. Frohe Weihnachten Tim und nicht vergessen: Das Wichtigste ist, dass man zusammen ist und am Heiligen Abend nicht allein bleiben muss, egal, wo man gerade ist."*

Ein kleines bisschen Weihnachten

Micky saß im Rollstuhl und hatte sich längst mit seinem Schicksal abgefunden. Zwar betrachtete er sich oft die alten Fotos, auf denen er noch laufen konnte und sich mit hübschen Mädchen amüsierte. Aber nach diesem schrecklichen Unfall, nachdem man beide Beine amputieren musste, veränderte sich sein Leben von Grund auf. Er verlor seine Arbeit und musste sich an einen Rollstuhl gewöhnen. Doch er war nicht allein, denn oft kamen seine beiden Freunde, die ihm seit der schlimmen Zeit damals noch geblieben waren. Auf sie konnte er sich immer verlassen. Wenn er sie brauchte, waren sie da. Allerdings schwelgte er sehr oft in Erinnerungen. Dann sah er sich als Kind, an der Universität, in seinem Beruf, damals vor drei Jahren. Und dicke Tränen rannen ihm übers Gesicht. Am traurigsten aber wurde er, wenn er an seine Mutter dachte. Sie hatte ihn allein großgezogen und ihm alles gegeben, was er brauchte und wollte. Sie las ihm beinahe jeden Wunsch von den Augen ab und ohne ihre Hilfe wäre es damals nicht weitergegangen. Sie war sehr oft bei ihm und half ihm, wo sie konnte. Außerdem waren sie dann zusammen und konnten miteinander lachen, und sich erinnern an die alten, viel zu schönen Zeiten. Sie erinnerten sich auch an Weihnachten, an den wunderschönen glänzenden Weihnachtsbaum. Ach, der durfte niemals fehlen. Nur ganz selten hatte Micky einen ganz kleinen Wunsch. Er sprach mit keinem darüber, denn er wollte noch einmal laufen können und einen einzigen Abend durch die Straßen seiner kleinen Stadt gehen. Heimlich nur, es durfte keiner sehen. Aber er wusste, dass so etwas ganz sicher niemals geschehen würde. Er war nur ein Mensch und kein Zauberer oder ein überirdisches Wesen. Und so klappte er sein Fotoalbum zu und fuhr traurig durch seine kleine Wohnung.

Und an der Tür da schaute er,
ob alles gut war, und auch schön
Nie wollte er fort von hier gehn
Denn alles war so gut und schön
Nur manchmal kam die Trauer her

Dann wollt er laufen durch die Welt
Mit Mutter gehen durch den Park
Es fühlte sich unglaublich stark
Vielleicht kam auch für ihn der Tag
Er brauchte dazu auch kein Geld

Aber er wusste, dass alles Hoffen, sich nur eine Minute selbständig auf den Beinen zu halten vollkommen unmöglich war. Außerdem konnte er ja recht gut mit seinem Rollstuhl umgehen, dass ihn das kaum noch behinderte. Als er am Abend in seinem Bettchen lag, hatte er einen seltsamen Traum. Einen Traum, den er in den letzten Jahren niemals hatte. Er sah sich, wie er sich aus dem Rollstuhl erhob und seine Arme ausbreitete. Dann lief er einige Schritte und stand plötzlich auf einer unübersehbar großen grünen Wiese. Es war die Wiese hinter seinem Heimathaus, wo ihm seine Mutter das Fahrradfahren beigebracht hatte. Und vom Himmel fielen goldene Sterne auf ihn herab. Es war wie ein Wunder. Er sah seine Mutter, die weinend am Wegesrand stand und zusah, wie ihr Sohn wieder laufen konnte. Wie wunderbar war doch in diesem Augenblick diese Welt. Sein Herz schlug kräftig und stark und er wusste, dass er es konnte. Und auf einmal war ihm, als sei dieser Traum ganz real.

Konnte er wirklich wieder laufen? Er öffnete seine Augen und sah am Fenster seines Schlafzimmers einen kleinen leuchtenden Weihnachtsbaum stehen. Wie konnte so etwas nur möglich sein? Weihnachten war doch erst in drei Wochen. Vorsichtig klappte er die Decke zurück und schaute auf seine Beine. Sie sahen gar nicht mehr so leblos aus wie vor Stunden noch. Sollte er es wagen? Sollte er sich in die Beine zwicken? Was, wenn er doch nichts spürte und seine Träume ihm nur etwas vorgegaukelt hatten? Würde er das verkraften? In seinem Innern spürte er jedoch, dass das nicht geschehen würde. Mutig kniff er sich ins Bein. "Au", schrie er laut. Und plötzlich musste er weinen. Er fühlte tatsächlich etwas. Das, was da so schmerzte, waren seine Beine!

Irritiert aber erleichtert schaute er zu dem seltsamen Weihnachtsbaum am Fenster und

stellte seine Beine auf den Boden. Ganz langsam erhob er sich, und es funktionierte, er konnte stehen! Und da wartete auch plötzlich Mutter in der Tür. Heimlich hatte sie ihn beobachtet. Sie lachte und hatte ebenfalls Tränen in den Augen. Sie wollte ihrem Sohn zu Hilfe eilen, doch der winkte ab. „Ich schaff das schon", rief er laut. Und ganz langsam humpelte er auf seine Mutter zu. Die fing ihn schließlich auf und beide lagen sich weinend in den Armen. Wie konnte das nur möglich sein? Er konnte wieder laufen und genoss es sichtlich, durch den kleinen Raum zu wanken. Ja, das war ein Wunder, ein richtiges sogar! Der Weihnachtsbaum am Fenster leuchtete so hell wie die Sonne am Tage. So etwas hatte er noch nie gesehen. Konnte jetzt schon Weihnachten sein? Er lächelte – für ihn schon! Denn das war ja sein Weihnachtswunsch! Und er henkelte sich bei seiner Mutter ein.

Zusammen gingen sie hinaus und liefen ein Stück durch die nächtlichen Straßen. Am Himmel zogen dutzende Sternschnuppen ihre Bahnen. Und das Mondlicht spiegelte sich im Eis, welches sich auf der Straße gebildet hatte. So hatte er sich das gewünscht. Er war glücklich und so unendlich dankbar. Wer nur hatte von seinem Wunsch gewusst, er hatte es doch keinem je gesagt. Er schaute zurück zu den Fenstern seiner Wohnung. Hinter der Gardine seines Schlafzimmerfensters leuchtete der Weihnachtsbaum in märchenhaftem Glanz. Niemand hatte in dieser wundervollen Nacht einen solchen wundervollen Weihnachtsbaum. Und niemandem geschah in dieser einen Nacht ein solches Wunder. Es war wie ein Zauber. Und die beiden, Mutter und Sohn, liefen nebeneinander her, als wäre es niemals anders gewesen.

Ach welches Glück da nur geschah
Was für ein Wunder tat sich auf
Was niemand sonst auf dieser Welt je sah,
das war dies Wunder, was geschah
Es war sein allerbester Lauf

Und leise fiel ein Stern herab
Ein Glockenklang zog durch die Zeit
In jener kleinen fernen Stadt
Fiel der schönste Traum herab
Und alle Trauer schien so weit

Es war so ein weihnachtliches Gefühl, welches beide da beherrschte, dort, auf der Straße, irgendwo auf dieser weiten Welt. Manches Wunder kündigt sich nicht an und kommt einfach so. Er genoss es so sehr und seine Mutter freute sich für ihn. Plötzlich verschwanden sie in der Unendlichkeit von Raum und von Zeit und Micky erwachte. Durchs Fenster fiel das helle Licht der Morgensonne. Doch wo war der Weihnachtsbaum, wo seine Mutter? Er erinnerte sich – er konnte ja eben noch laufen. Und jetzt? Er kniff sich in die Beine, doch er spürte sie nicht. Wie konnte das sein? Nein, er erschrak nicht. Denn er wusste genau, dass der Traum der letzten Nacht stattgefunden hatte. Er musste wahr gewesen sein! Ja, er wusste es genau! Und er lachte laut. Irgendwann kam seine Mutter und fragte ihn, warum er so froh war. Da sagte er zu ihr: „Ich hatte einen wundervollen Traum in der letzten Nacht. Es war Weihnachten, nur für mich allein. Und wir beide liefen durch die Straßen. Ich war so glücklich, so unendlich glücklich. Nein, so glücklich war ich niemals je zuvor. Wer weiß, vielleicht kann ich ja irgendwann auch wieder einmal laufen? Und wenn nicht, war es doch so schön in der letzten Nacht. Diese Freiheit werde ich nie vergessen. Es ist auch so schön, dass Du da bist, Mutter." Die beiden fielen sich in die Arme und begaben sich hinaus auf die Straße. Es hatte geschneit und überall lag meterhoch der Schnee. Ob manche Träume jemals wahr werden? Micky wusste es, es konnte geschehen. Man muss nur ganz fest an sie glauben. Dann würde vielleicht einer dieser wundervollen Träume wahr. Und als die Mutter wenig später in Mickys Wohnung saubermachte, fiel ihr etwas sehr Seltsames auf. Auf dem Fußboden vor dem Schlafzimmerfenster, gleich hinter der Gardine, entdeckte sie Tannenadeln. Sie rochen so geheimnisvoll nach Wald und nach Freiheit, dass sie meinte, eben habe da ein Tannenbaum gestanden …

Frohe Weihnachten

Der kleine Kim wollte unbedingt den Weihnachtsmann sehen. Und so wartete er voller Ungeduld und Spannung auf den Tag, an welchem es endlich soweit war. Sehnsüchtig schaute er täglich auf den Kalender und schließlich war es soweit. Es war Heiligabend. Die Eltern hatten längst alles vorbereitet und die allerschönsten Geschenke eingekauft. Kim sollte ein nagelneues Fahrrad bekommen- und dazu auch noch ein feuerrotes. Er ahnte noch nichts von dieser Überraschung, denn die Eltern hatten es bei den Großeltern in der Stadt deponiert, damit Kim es nicht schon vorher entdecken konnte. Es gab nur einen Wermutstropfen: Kims Papa musste über Weihnachten in der Firma in der großen Stadt bleiben. Aber er versprach, Kim auf jeden Fall anzurufen, um ihm und der Mutter Frohe Weihnachten zu wünschen. Es dämmerte und die Schneeflocken rieselten sanft vom grauen Himmel herab. Es roch nach Kiefernholz und Kerzenwachs. Und es roch nach unendlich vielen Überraschungen und nach Weihnachten. Die Mutter hatte die Weihnachtsbäume im Haus und im Vorgarten schon angeputzt und die Weihnachtsbeleuchtung eingeschaltet. Kim lief aufgeregt durchs Haus und half der Mutter, wo er nur konnte. Allerdings zog draußen plötzlich ein heftiger Schneesturm auf. Er pfiff gespenstisch um die Ecken und Kim war es gar nicht mehr so wohl wie eben noch. Die Mutter musste hinaus, um nachzusehen, ob die Beleuchtung noch funktionierte. Und es kam so, wie es kommen musste, der Sturm riss die Kerzen vom Baum und zerstörte dabei die Leitung. Die Beleuchtung fiel aus und der schöne, weihnachtlich hergerichtete Vorgarten lag im Dunkeln. Kim war traurig, wie sollte der Weihnachtsmann nun zu ihm finden? Doch die Mutter tröstete ihn. Sie meinte, dass sie nun zusammen Plätzchen backen könnten. Irgendwann würde der Weihnachtsmann schon kommen. Dabei schaute sie so merkwürdig zur Tür, als ob jede Minute ein Weihnachtsengel zur Tür hereinkäme. Kim war glücklich, dass er sich beschäftigen konnte. So verging die Zeit, und er konnte sogar von den frischen Plätzchen, welche die Mutter aus dem Ofen holte, kosten. Ach, schmeckten die gut. Er konnte gar nicht genug davon bekommen. Irgendwann hatten die beiden so viele Plätzchen gebacken, dass Mutter meinte, sie könnten all das Gebäck an diesem Weihnachtsfest niemals aufessen. Kim aber naschte immer weiter und schließlich bekam er Bauchweh. Die Mutter schaute zur Uhr. Doch diesmal sah sie gar nicht mehr so glücklich aus. Sie schien sich Sorgen zu machen. Aber

warum eigentlich? Sie wusste doch, dass Papa in der Firma bleiben musste. Oder? Unterdessen pfiff der Sturm immer lauter um die Ecken des kleinen Hauses. Längst türmten sich vorm Haus meterhohe Schneewehen. Auch der Weg vorm Haus war von hohen Schneedünen bedeckt. Nun konnte der Weihnachtsmann nicht einmal mehr bis zum Hause kommen. Kim wurde traurig und schaltete das Radio ein. Dort brachten sie gerade einen Bericht, dass sämtliche Straßen und Wege in- und aus der Stadt unpassierbar seien. Nun wurde auch Mutter sehr traurig. Alles schien langsam den sprichwörtlichen Bach hinunter zu gehen. War Weihnachten nun schon zu Ende? Wo es doch noch nicht einmal begonnen hatte. Sie setzte sich zu Kim und strich ihm sachte übers Haar. Dann sagte sie mit leiser Stimme: „Vielleicht kommt der Weihnachtsmann ja morgen? Sei nicht traurig Kim. Dann bekommst Du eben morgen die Geschenke."

Kaum hatte sie das gesagt, da klopfte es an die Tür. Die beiden schauten sich an – wer konnte das nur sein? Die Mutter ging zum Fenster und schaute hinaus. Doch durch das dichte Schneetreiben konnte sie nichts erkennen. Außerdem war es stockdunkel geworden. Der neugierige Kim ging zur Tür und öffnete sie. Und welch Wunder, da stand er, der Weihnachtsmann! Die Mutter konnte gar nichts mehr sagen und Tim bekam riesengroße Kulleraugen. Nun war es doch noch Weihnachten geworden. Kim konnte sein Glück gar nicht in Worte fassen, stammelte nur etwas, wie: „Der Weihnachtsmann ist da." Der Weihnachtsmann beugte sich zu Kim herunter und lächelte ihn an. Er hatte einen langen weißen Bart und seine Augen schauten Kim so seltsam an. Dann sagte er leise: „Ich habe Dich nicht vergessen Kim. Weihnachten ist immer, egal ob es schlechtes Wetter gibt oder gutes. Heute ist der Heilige Abend und ich habe Dir was mitgebracht." Kims Augen wurden immer größer und er hatte einen furchtbar dicken Kloß im Hals, sodass er andauernd schlucken musste. Der Weihnachtsmann nahm Kim an die Hand und führte ihn in den Vorgarten hinaus. Doch was war das? Der Sturm war vorüber und selbst die Kerzen hingen wieder am Baum und leuchteten in wundervollem warmem Licht. Wie konnte das nur möglich sein? Hatte die Mutter etwa. Doch egal, was jetzt zählte, war der Weihnachtsmann! Der führte Kim bis vor die Tanne, die die Eltern so schön geschmückt hatten. Sie leuchtete plötzlich noch heller als sonst und am sternenklaren Himmel blitzen dutzende Sternschnuppen auf. Und dann sah Kim, was ihm der Weihnachtsmann gebracht hatte. Unterm Baum im Schnee lag ein wunderschönes feuerrotes Fahrrad mit einer riesigen Schleife drum herum. Kim strahlte und die Mutter hatte Tränen in den Augen. Der Weihnachtsmann sagte: „Das ist für Dich Kim. Ich muss nun wieder gehen. Und denkt immer daran, Weihnachten wird immer sein, egal, ob es gut wird oder schlecht. Denn heute ist der Heilige Abend." Mit diesen Worten strich er Kim übers Haar und winkte den beiden zum Abschied noch einmal zu. Und während er langsam in den Winterwald hinaus stapfte, ertönten von ferne aus der Kirche der Stadt die Weihnachtsglocken. Sie spielten „Stille Nacht" und die Mutter umarmte ihren kleinen Kim. Beide weinten und wünschten sich den Papa her. Doch obwohl er es versprochen hatte, rief er einfach nicht an. Die Mutter hatte fest mit seinem Anruf gerechnet. Mehrmals wieder versuchte sie, ihn zu erreichen. Aber es kam einfach keine Verbindung zustande, die Leitungen waren wohl noch wegen des Unwetters gestört. Natürlich sorgte sich die Mutter

sehr um den Papa. Aber vor Kim wollte sie das nicht zeigen. Sie nahm ihn in den Arm und meinte, dass sie nun allein feiern müssten. Und trotz alledem war es noch ein schöner Heiliger Abend. Kim freute sich so sehr über sein tolles Geschenk, dass er schnell müde wurde. Die Mutter brachte ihn schließlich in sein Bettchen, wo er sofort einschlief. Am nächsten Morgen kam der Papa schon sehr früh aus der Stadt, denn man hatte endlich eine Straße freigeben können. Auch er sorgte sich sehr, denn bis zum Morgen kam keine Telefonverbindung zustande. Zur Mutter sagte er, dass Kims Fahrrad schon jemand bei den Großeltern abgeholt hätte. Vermutlich waren die befreundeten Nachbarn gerade noch rechtzeitig aus der Stadt gekommen und hatten es gleich mitgenommen. Als Kim aufstand, fiel er seinem Papa um den Hals und zeigte ihm gleich sein neues Fahrrad. Überglücklich bedankte er sich bei seinen Eltern und drückte ihnen ein dickes Küsschen auf die Wangen. Als das Telefon wieder funktionierte, wollte sich die Mutter bei den Nachbarn, die nicht weit von ihrem Haus entfernt wohnten, bedanken. Doch die wunderten sich sehr. Sie meinten, dass sie gerade erst von einer kleinen Reise zurückgekehrt seien. Das Fahrrad hatten sie nicht in der Stadt abgeholt. Die Mutter schaute den Papa nachdenklich an. Wie konnte das nur möglich sein? Wer hatte dann das Fahrrad gebracht? Und wer war der Weihnachtsmann? Am Heiligen Abend war doch keine Straße mehr passierbar. Ratlos schauten sie zusammen mit Kim aus dem Fenster. Da bemerkten sie, dass vom nahen Wald ein sonderbarer Mann in Weihnachtsmannkleidung zu ihnen herüberschaute. Er schien ihnen zu zuwinken. Und als er sah, dass die Familie wieder vereint war und sich freute, flüsterte er nur: „Frohe Weihnachten." und verschwand in einer glitzernden Wolke aus Schnee ...

I'll Be Home for Christmas

Es war die Nacht vor Weihnachten. Police Officer Pete Garland hatte seinen Dienst beendet und wollte eigentlich noch gar nicht nach Hause gehen. Und so nahm er sich vor, noch einmal durch seinen Distrikt in der McAllister-Street der riesigen Stadt San Francisco zu fahren. Es war schon recht dunkel, und ziemlich kalt war es auch. Doch Pete schien das nicht zu stören. Er zog seine Uniformjacke über und wünschte seinen Kollegen, die auf der Wache zurückblieben, ein frohes Weihnachtsfest. Ein Weihnachtslied auf den Lippen verließ er die Wache, die in einem kleinen Eckhaus untergebracht war und ließ sich mit einem leisen Stöhnen in seinen Streifenwagen fallen. Doch sollte er jetzt wirklich noch einmal die McAllister-Street hinunterfahren? War er da nicht vor einer Stunde noch? Als er jedoch an die Einsamkeit daheim dachte, und ihm klar wurde, dass er sonst nicht sehr viel zu tun hatte, fuhr er schließlich los. Langsam glitt der Wagen an den weihnachtlich geschmückten und hell beleuchteten Häusern vorüber. In so manchem Vorgarten stand ein funkelnder Weihnachtsbaum und die Lichterketten überstrahlten den Scheinwerferkegel, der gemächlich über den dunklen Straßenasphalt streifte. Irgendwie kam Pete ins Träumen. Wenn jetzt plötzlich der Weihnachtsmann vor seinem Auto auftauchen würde und ihn fragte, was er sich wohl von ganzem Herzen wünschte, dann wüsste er genau, was er darauf antworten würde. Natürlich, er wollte nicht mehr länger allein durch sein Leben gehen. Er wollte endlich eine nette Frau, die vielleicht sogar Ann hieß wie seine Mutter. Und Kinder wollte er auch. Doch zum Suchen nach einer Partnerin hatte er nie Zeit, oder? Hatte er sich die Zeit vielleicht nie genommen- oder vielleicht gar nehmen wollen? Langsam bog er in eine schmale Seitenstraße ein und hielt den Wagen an. Kein Mensch war zu sehen, und es schien wohl immer kälter zu werden, denn die Scheiben seines Streifenwagens beschlugen und er konnte nicht mehr sehen, was draußen geschah. Mit einer gekonnten Handbewegung zog er sich den Kragen seiner Uniformjacke bis unters Kinn und stieg aus. Doch was war das – was fiel denn da vom Himmel? Im Licht eines hell erleuchteten Weihnachtsbaumes am Straßenrand tänzelten ganz sachte Myriaden von Schneeflocken zur Erde. Pete konnte es beinahe nicht glauben. Hier in San Francisco schneite es, unfassbar! Aber es war wunderschön. Und weil diese Nacht so seltsam und so unglaublich schien, begann sich Pete ganz langsam zu drehen. Dabei pfiff er sein Weihnachtslied, welches er eben noch leise im Auto gesungen hatte, vor sich hin: I'll Be Home for Christmas. Immer schneller drehte er sich, und schließlich tanzte und sprang er vergnügt wie ein siebenjähriger Schuljunge die Straße entlang. Irgendwie schien er alles um sich herum zu vergessen, und die Schneeflocken, die recht eisig vom dunklen wolkenverhangenen Himmel schwebten, schienen ihn noch anzutreiben. Was war das nur für ein merkwürdiges, wundervolles Gefühl. So unbeschreiblich gut hatte er sich seit langer Zeit nicht mehr gefühlt. Und als er seine Augen aufschlug, konnte er es nicht glauben. Vor ihm stand tatsächlich und lebensecht ein Weihnachtsmann. Ja, das da vor ihm war tatsächlich Santa Claus in voller Größe, und der schien ihn auch noch auszulachen. Doch zum Stehenbleiben hatte Pete einfach keine Lust. Kurzerhand umarmte er den sichtlich erstaunten Santa Claus und gab ihm einen dicken Schmatz auf die Wange. Dann zog er ihn einfach mit sich. Gemeinsam drehten die beiden Runde um Runde auf der mittlerweile recht glatten Straße. Wo sie sich befanden, wusste Pete schon lange nicht mehr. Es war ihm auch egal. Er wollte nur noch tanzen und Weihnachtslieder singen. Immer wieder trällerte er sein schönstes Weihnachtslied: I'll Be Home for Christmas. Und der sonderbare Weihnachtsmann tat es ihm gleich. Auch er schien einfach nicht mehr aufhören zu wollen. Und auch er drehte sich wild im Tanze und schien regelrecht süchtig geworden zu sein von dem wundersamen Gesang. Die beiden bahnten sich ihren Weg durch den ganz plötzlich ziemlich hoch liegenden Schnee. Und noch immer war niemand zu sehen, der sich hätte am weihnachtlichen Singen und Tanzen beteiligen können. Nicht einmal ein Fahrzeug fuhr an den beiden verrückten Tänzern vorüber. Es war verrückt, aber es war den beiden egal. Irgendwann rutschten sie auf einer Schneewehe aus und fielen der Länge nach auf den Hosenboden. Nachdem sie noch einige Meter auf der spiegelblanken Fahrbahn entlang geschlittert waren, blieben sie schließlich laut lachend nebeneinander liegen. Unwillkürlich starrten sie in den trüben Nachthimmel. Da stoben plötzlich die dicken Wolken auseinander und gaben den Blick auf einen blinkenden strahlend hellen Stern frei. War das vielleicht der Weihnachtsstern? Ein greller Lichtstrahl fiel von dem Stern auf die beiden herab und hüllte sie sekundenlang in sich ein, so, als ob er sie beschützen wollte. Es war wohlig warm in seinem Licht, und die beiden Glücklichen fühlten sich wie Kinder. Und erst jetzt bemerkte Pete, wer da wirklich neben ihm lag. Denn der vermeintliche Santa Claus hatte längst seine Maske verloren, und auch seine lange weiße Haarpracht war bei dem wilden Tanze irgendwo abhandengekommen. Pete riss seine Augen weit auf und starrte fassungslos in das makellose Gesicht einer wunderschönen jungen Frau. Ihre langen schwarzen Haare umspielten ihr verlegenes, aber recht witziges Lächeln, sodass ihm unweigerlich dicke Tränen über seine rosaroten Wangen kullerten. Wie war so etwas nur möglich? Ein Wunder? Wo kam nur diese unsagbar schöne Frau so plötzlich her? Pete staunte, und ehe er sich wieder fassen konnte, flüsterte die vermeintliche Weihnachtsfrau: „Frohe Weihnachten Fremder." Pete saß inmitten des Schneechaos auf der Straße und wusste nicht einmal mehr, ob er grinsen oder laut lachen sollte. Er war so unglaublich glücklich, dass er eben einfach nur so dasaß. Die schöne Weihnachtsfrau ertastete ganz vorsichtig, aber auch ein wenig unsicher seine kalten Hände und raunte dann: „Wollen wir hier ewig liegen bleiben? Wir holen uns nur noch ´ne Erkältung." Pete half der Schönen wieder auf die Beine, und dann schauten die beiden wieder zum Himmel. Der blinkende Wunderstern war verschwunden, stattdessen ertönte von irgendwoher leises Glockengeläut. Beinahe ebenso leise flüsterte Pete ein andächtiges >Amen<. Die beiden stellten sich einander vor; die schöne Weihnachtsfrau hieß Ann, wie die Frau in seinem Weihnachtswunsch. Und als sie ihre Santa-Claus-Verkleidung abstreifte, verschlug es Pete schon wieder die Sprache. Denn auch sie trug eine Uniform, und auch sie war Police-Officer in San Francisco. Andächtig liefen die beiden zu Petes Streifenwagen, der noch immer in der Seitenstraße stand und nur darauf zu warten schien, dass *zwei* Polizisten in ihn einstiegen. Pete konnte nicht mehr anders- ganz vorsichtig zog er Ann an sich heran und küsste sie, ganz einfach so. Und Ann schien das zu gefallen. Die beiden lagen sich in den Armen, als hätten sie sich ein Leben lang

gesucht. Als es ihnen schließlich doch zu kalt wurde, setzten sie sich in den Wagen und sprachen sehr lange miteinander. Pete meinte, dass er sich vor ein paar Minuten noch gewünscht hatte, endlich jemanden kennenzulernen. Und auch Ann hatte diesen Wunsch in jener Nacht, denn auch sie war allein in dieser großen Stadt. Später stellte sich heraus, dass sie nicht einmal sehr weit auseinanderlebten. Jahrelang hatten sie Haus an Haus gewohnt und sich doch niemals kennengelernt. Schon nach kurzer Zeit zogen sie zusammen und arbeiteten gemeinsam auf einem Revier, in der kleinen Wache in der McAllister-Street. Und immer in der Nacht vor Weihnachten fuhren sie als Santa Claus verkleidet die McAllister-Street hinauf, um in dieser schmalen Seitenstraße, in welcher sie sich über den Weg gelaufen waren, stundenlang Weihnachtslieder zu singen und zu tanzen. Und immer war es das gleiche Lied: I'll Be Home for Christmas. Ja, es war wohl kein Wunder, dass diese eine märchenhafte Nacht für die beiden die schönste Nacht des ganzen Jahres war. Als sie schließlich in ihrem Polizeirevier erzählten, wie sie sich kennengelernt hatten, staunten die Kollegen nicht schlecht. Doch als Pete von dem vielen Schnee und von dem hell blinkenden Stern am Himmelszelt berichtete, schauten die Kollegen recht seltsam und ungläubig in die Runde. Und der Reviervorsteher meinte dann: „Das kann gar nicht sein. Ich war in dieser Nacht selbst auf Streife. Aber geschneit hatte es nicht und kalt war es auch nicht. Es war angenehm lau, so um die dreizehn Grad. Und einen blinkenden Stern, nein, einen solch hellen Stern habe ich auch nicht bemerkt."
Im selben Augenblick schaltete sich das Radio wie von Geisterhand betätigt ein und ein sehr bekanntes Lied ertönte da ganz leise: I'll Be Home for Christmas

Blizzard

Plötzlich war die Fahrt zu Ende! Irgendwo draußen, auf einem kleinen vergammelten Bahnhof in der Nähe von „Farmers-Home". Ich stand auf dem Bahnsteig und wartete nun schon stundenlang auf meinen Zug. Aber er kam nicht. Dafür zog ein heftiger Schneesturm auf. Ich rettete mich ins Innere des Bahnhofsgebäudes. Und es half nichts, ich musste es mir in dem zugigen Bahnhofsgebäude so bequem wie möglich machen. Obwohl ich wirklich sauer war, nun nicht mehr weiter zu kommen, arrangierte ich mich schnell mit dem Gedanken, in diesem alten Bahnhof am Rand der Zeit übernachten zu müssen. Denn vor dem nächsten Morgen würde kein Zug mehr fahren. Mein mittlerweile einziger Gedanke kreiste nur noch um dieses wackelige Gebäude. Hoffentlich hielt es dem immer heftiger tobenden Sturm stand. In wenigen Tagen war Heiliger Abend, und das Schneegestöber dort draußen gewann derart an Heftigkeit, dass es diverse Gegenstände, wie Schaufeln und Schilder durch die Luft trieb. Es pfiff durch alle Ritzen und ich staunte, wie viele es doch waren. Und trotzdem ich eine warme Jacke angezogen hatte, fror es mich ganz erbärmlich. Ich machte es mir auf einer hölzernen Bank, die wohl schon hundert Jahre zählen mochte, bequem. Plötzlich wurde die Tür aufgestoßen und ich bekam einen fürchterlichen Schreck. Ich dachte, dass der Sturm die Tür aufgebrochen hatte. Doch glücklicherweise war es nicht so und ein fremder Mann betrat fröstelnd die kleine Halle. Er klapperte derart laut mit seinen Zähnen, dass ich mir schon Sorgen um seinen Gesundheitszustand machte. Doch er winkte lachend ab und meinte, dass er keinen anderen Ort mehr gefunden hatte, um sich vor dem aufziehenden Sturm zu schützen. Da wir an diesem Abend wohl keinerlei Gäste mehr zu erwarten hatten, stellten wir uns gegenseitig vor. Er hieß Danny und kam aus einer Ortschaft, die wohl nicht sehr weit entfernt sein musste. Er kam mit dem Auto und konnte nicht mehr weiterfahren. Das alte Bahnhofsgebäude schien auch ihm irgendwie der rechte Schutz vor dem Sturm zu sein. Wir kamen schnell ins Gespräch und ich erzählte ihm von meinem Ausflug in diese Gegend. Ich war auf Recherche und wollte ausgerechnet eine Reportage über vergessene Ortschaften schreiben. Nun kam ich selbst in die Lage, in solch einer vergessenen Situation festzusitzen. Doch Danny schien ein lebenslustiger Mensch zu sein. Er meinte, dass zu Hause seine Frau Emily und sein kleiner Sohn Glenn auf ihn warteten. Vor einer halben Stunde aber brach der Kontakt ab und sein Handy bekam keinen Empfang mehr. Ich versuchte, mein Handy flott zu bekommen, doch auch das funktionierte nicht. Es schien, als wären wir beide regelrecht von der Außenwelt abgeschnitten. Draußen musste die Hölle los sein. Es pfiff und rauschte derart laut, dass wir Mühe hatten, unsere Worte zu verstehen. Außerdem brach der Sturm andauernd irgendein Fenster auf und wehte Unmengen an Schnee in die Schalterhalle. Auf dem Bahnsteig waren schon lange keine Gleise mehr zu erkennen. Stattdessen türmten sich so langsam meterhohe Schneewehen dort auf. Mir wurde schon bange, wohl auch am folgenden Tage nicht mehr hier wegzukommen. Danny schien meine Besorgnis zu bemerken. Er bot mir an, mich bis in die nächste Stadt mitzunehmen. Er musste wie ich nach Norden fahren und konnte mir vielleicht ein Stück Weg abnehmen. Doch diesen Vorschlag musste er wohl oder übel doch noch einmal überdenken, denn auch die Straße sah nicht besser aus als das Gleis am Bahnsteig. Auch dort türmten sich meterhohe Schneewehen und es würde wohl Tage dauern, bis sich jemand bis hierher durchgekämpft hätte. Gemeinsam schoben wir die Sitzbank vor die Eingangstür, um dem Sturm die Möglichkeit zu verwehren, weitere Schneemassen hinein zu pusten. Die Heizkörper funktionierten nicht und uns blieben wirklich nur unsere Kleidung und unsere hitzigen Gedanken, dass es uns etwas angenehmer wurde. Danny erzählte, dass er noch immer keinerlei Weihnachtsgeschenke für die Familie dabeihatte. Und es war ganz seltsam, wir unterhielten uns plötzlich über unsere Erlebnisse, die wir früher an Weihnachten hatten, als wir selbst noch Kinder waren. Es stellte sich heraus, dass Danny in meinem Alter war, und nun verband uns so manche Erinnerung. Plötzlich wurde es stockdunkel. Erschrocken hielten wir den Atem an und harrten sekundenlang den Dingen, die da kommen mochten. Doch es kam nichts! Was war geschehen? Danny fasste sich als erster und schaute durch die kleine Glasscheibe in der Eingangstür. Umständlich, weil er nichts sehen konnte, schob er die Sitzbank beiseite und wollte zu seinem Fahrzeug. Vor dem Eingang jedoch hatte sich eine mannshohe Schneedüne aufgehäuft, die das Licht nicht in den kleinen Wartesaal ließ. Allerdings war es ohnehin bereits Abend geworden, sodass es auch draußen bereits dämmerte. Der Sturm war derart stark, dass Danny kaum vorankam. Er brauchte einige Zeit, bis er seinen Wagen, der eigentlich gleich vor dem Eingang parkte, fand. Er wollte eine Taschenlampe holen. Ich versuchte unterdessen, einen Lichtschalter zu finden. Als ich endlich einen entdeckte und ihn betätigte, reagierte nichts. Also war auch der Strom ausgefallen. Mir schwante bereits, dass das kein gutes Zeichen sein konnte. Als Danny zurückkehrte, schoben wir schnellstens die Bank vor die Tür und Danny klopfte sich erst einmal den Schnee von seiner Kleidung. Als wir wieder auf der Bank saßen und im schwachen Licht der Taschenlampe von heißem Kaffee und einem belegten Brötchen träumten, knisterte es plötzlich zwischen den krachenden Sturmböen, die fortwährend gegen das kleine Bahnhofsgebäude prallten. Wir konnten uns die Herkunft dieses seltsamen Geräusches, welches so gar nicht zu dem Gepolter des Blizzards passte, erklären. Doch plötzlich schaltete sich das Licht wieder ein und ein alter Mann stand mitten in der Schalterhalle. Zwar erschraken wir, doch der Gedanke, nicht so ganz allein in dieser kalten Halle ausharren zu müssen, ließ uns alles andere schnell vergessen. Der Alte klopfte sich prustend den Schnee von seiner Jacke und ich fragte ihn, wie er

durch die versperrte Eingangstür gekommen sei. Er antwortete jedoch nicht auf diese Frage, hustete mehrmals und sagte dann: „Ein Mistwetter! Ausgerechnet jetzt, kurz vor Weihnachten. Hoffentlich hört das bald wieder auf." Danny warf mir einen vielsagenden Blick zu. Er war sich wohl genau wie ich nicht so ganz sicher, woher der Alte wirklich gekommen war. Denn die Fenster waren vom Schnee versperrt, und draußen vor dem Gebäude gab es ebenfalls keinerlei Wege mehr, die man hätte passieren können. Stöhnend nahm der Alte neben uns Platz. Nun waren wir schon drei und ich freute mich, dass er aus seinem kleinen Rucksack, den er bei sich führte, eine Thermoskanne herauszog. Ohne viele Worte zu verschwenden, goss er ein und reichte den Becher an uns weiter. Es war eine Wohltat, den heißen Kaffee herunter zu schlürfen. Wir fühlten uns gleich wesentlich lebendiger, auch wenn uns klar wurde, dass dieser

Zustand nicht anhalten würde. Denn vor uns lagen noch eine stürmische eiskalte Nacht und ein ebenso ungastlicher Morgen. Nur wie sollten wir uns daraus befreien? Der alte Mann wusste auch keinen Rat und sprach andauernd über Weihnachten und von den verschneiten wunderschönen Winterwäldern. Ich konnte seine Gelassenheit überhaupt nicht verstehen und machte ihm das auch deutlich. Und ehe ich mich versah, befanden wir uns auch schon in einem angeregten Gespräch über unser Leben und unsere Sorgen. Auch in mir kam so viel hoch, was ich glaubte, längst vergessen zu haben. Dieser lange Weg zur Selbsterkenntnis und die vielen Umwege, die ich so gegangen war, um endlich zu mir selbst zu finden, nur, um am Ende festzustellen, dass ich doch noch lange nicht am Ziel meines Weges angekommen war. Der Alte wunderte sich über die vielen unterschiedlichen Wege, die wir so hinter uns hatten. Er meinte, dass es gar nicht so schlimm sei, so viele verschiedene und vollkommen unterschiedliche Wege hinter sich gebracht zu haben. Nur so könnte man die Welt in ihren unterschiedlichen Facetten und Formen kennenlernen. Nur so würde man lernen, richtig zu leben. Dabei käme es nicht darauf an, wie alt man dabei würde. Und gerade ich hatte große Probleme bei dem Gedanken, immer älter zu werden, und dabei vielleicht nie den Stein der Weisen gefunden zu haben. Der alte Mann jedoch sagte nur: „Es ist nicht wichtig, wie alt man wird, um eine Erkenntnis zu bekommen. Es ist wichtig, dass man überhaupt eine Erkenntnis hat. Das allein rechtfertigt schon, richtig leben zu können. Und da ist das Alter nicht wesentlich. Manchmal ist es sogar besser, älter und erfahrener zu sein, damit man diese Erkenntnisse auch ebenso richtig anwenden kann."
Danny nickte zustimmend und erzählte ihm von sei-

ner Frau und seinem kleinen Sohn. Und irgendwie schien der Alte gar nicht verwundert zu sein. Er hatte es wohl erwartet, dass Danny Familie hatte. Doch sollte er es ihm wirklich angesehen haben? Ich konnte mir das einfach nicht vorstellen und fragte ihn auch nicht danach. Mir war furchtbar kalt und ich wollte weiterfahren. Ich wollte nach Hause, doch mir war bewusst, dass das nicht ging. Plötzlich sagte der Alte, dass der Blizzard bald aufhören würde. Außerdem müsste er unbedingt weiter. Es wäre dringend, meinte er. Mit den Worten: „Der Sturm wird bald vorbei sein, Ihr dürft nur die Hoffnung nicht aufgeben. Euch und Euren Familien, Frohe Weihnachten" stand er auf. Und noch bevor wir ihm die gefährliche Situation da draußen klarlegen konnten, verschwand er. Gleichzeitig fiel erneut der Strom aus. Nun saßen wir wieder im Dunkeln. Wir hatten nicht bemerkt, an welcher Stelle er hinausgegangen war. Doch eines hatte er wohl vergessen ... seinen Kaffee! Die Thermoskanne stand auf der Bank und es befand sich tatsächlich noch ein Rest Kaffee darin. Wir machten uns große Sorgen. Was wäre, wenn er den Weg nicht finden konnte? Danny lief zur Tür. Doch er konnte nichts sehen. Draußen tobte noch immer dieser heftige Schneesturm, und die Schneedünen vor den Türen und Fenstern waren unüberwindlich hoch. Es war alles sehr seltsam, doch wir wurden plötzlich derart müde, dass wir schließlich auf der Bank einschliefen. Stunden mochten vergangen sein, als ich endlich wach wurde. Ich schaute auf meine Uhr – sie zeigte 9 Uhr. Doch in der kleinen Schalterhalle war es noch immer stockdunkel. Danny war bereits wach und versuchte, den Schnee von den Fenstern zu entfernen. Doch dazu musste er erst einmal ein Loch in die Schneehaufen bohren. Ich stand auf und schob die

51

Bank weg von der Tür. Als ich die Tür öffnete, stand ich vor einer riesigen Schneewand. Ich rief Danny und bat ihn mir zu helfen, ein Loch in die Schneebarrikade zu schürfen. Glücklicherweise hatten wir dicke Handschuhe dabei, so schmerzte es nicht so sehr in den Fingern. Irgendwann hatten wir einen schmalen Durchgang geschaffen und erblickten voller Freude das Tageslicht. Es blendete sehr stark und es dauerte eine Weile, bis sich die Augen an das grelle Sonnenlicht gewöhnt hatten. Als wir endlich draußen standen, erkannten wir unsere ausweglose Situation. Doch plötzlich ertönte ein lautes Brummen über uns. Wir schauten nach oben und sahen, wie ein Hubschrauber über dem Bahnhofsgebäude kreiste. Offenbar hatte uns bereits irgendjemand vermisst. Die Tür des Hubschraubers wurde geöffnet und jemand rief herunter: „Hallo! Wir lassen jetzt eine Strickleiter zu Ihnen hinunter! Klettern Sie daran hoch! Wir kommen noch ein Stück runter! Trauen Sie sich das zu?" „Ja, das geht", entgegnete ich und Danny holte schnell seine Sachen aus dem Gebäude. Mühsam hangelten wir uns an der wackeligen und ständig nach allen Seiten schwingenden Strickleiter nach oben. Dort wurden wir von zwei kräftigen Männern in Empfang genommen. Atemlos lagen wir auf dem Boden des Hubschraubers und wussten gar nicht, wie uns geschah. Später erfuhren wir, dass der Hubschrauber von einem fremden Mann gerufen wurde. Wir wussten sofort, wer das war, der sonderbare alte Mann! Als Danny Tage später sein Fahrzeug holen konnte, staunte er nicht schlecht. Das ganze Auto war über und über mit Weihnachtsgeschenken vollgestopft. Er konnte es nicht fassen und konnte sich erst recht nicht erklären, wie der Alte das alles zustande bekommen hatte. Aber auch ich bekam noch meine Überraschung. Am Vormittag des Heiligen Abend erhielt ich eine Postsendung. Darin war ein Bildband über die Gegend, über welche ich eine Reportage schreiben wollte. Sogar das alte Bahnhofsgebäude, in welchem wir festsaßen, war dabei. Meine Freude war riesengroß. Nur vermisste ich einen Absender auf dem Paket. Dem wunderschönen Bildband lag eine kleine Weihnachtskarte bei und über einer Widmung hatte man einen lustigen Weihnachtsmann abgebildet. Ich erkannte ihn sofort. Es war der rätselhafte alte Mann.

Schokoladenweihnachtsmann

Es war kurz nach Weihnachten. Mich hatte eine ziemlich heftige Grippe erwischt und ich lag im Bett. Schon wenn ich aufstand, um etwas zu trinken, fühlte ich mich derart geschwächt, dass ich mich kaum aufrecht halten konnte. Neben meinem Bett hatte ich einen kleinen Nachttisch, worauf ich einige süße Leckereien gelegt hatte. Auf diese Weise erhoffte ich mir, etwas Appetit zu bekommen. Doch es half nichts. Ich fühlte mich schlecht und hatte keinen Appetit. Auch ein großer Schokoladenweihnachtsmann stand auf dem Schränkchen. Immer, wenn die Sonne durch die Jalousien hereinblinzelte, schillerte die Goldfolie, in dem der Weihnachtsmann eingehüllt war, in allen Farben. Lange schaute ich ihn an und eines Abends versuchte ich mein Glück – ich aß ihn auf. Obwohl er sehr gut schmeckte, fühlte ich mich doch noch schlechter als sonst. Jetzt kam auch noch die Übelkeit hinzu, welche die Schokolade erzeugte. In der darauffolgenden Nacht bemerkte ich ein seltsames Geräusch. Es rasselte und klapperte und dann hörte es sich an, als ob jemand durch meine Wohnung schlich. Mir war noch immer furchtbar übel von der Schokolade und ich fühlte mich alles andere als stark. Dennoch stand ich auf und schlich durch die Zimmer. Und tatsächlich, erschrocken entdeckte ich, dass die Wohnungstür aufgehebelt war. Der Einbrecher hatte sie angelehnt, wohl, damit ich es nicht sofort bemerkte. Am Ende des langen Korridors war das klappernde Geräusch am lautesten. Dort vermutete ich den Einbrecher. Leise schlich ich dorthin. Eigentlich konnte ich mich kaum noch auf den Beinen halten. Im Hals krabbelte es und ich fühlte mich fiebrig und schwach. Der Gauner wühlte in einer Kommode herum, erhoffte sich dort vermutlich Geld oder Wertgegenstände. Es war ein großer stattlicher Mann, der mir kräftemäßig ganz sicher haushoch überlegen sein musste. Was dann geschah, erscheint mir noch heute wie ein furchtbarer Alptraum. Ich riss die Tür auf und stellte mich dem Einbrecher in den Weg. Der wollte sich auf mich stürzen und zog ein Messer aus der Jackentasche. In diesem Augenblick fühlte ich etwas Hartes in meiner Hand. Es sah aus wie eine goldene Kugel. Ich holte aus und schlug damit auf den Einbrecher ein. Der verlor das Gleichgewicht und fiel um. Schnell lief ich zum Telefon und rief die Polizei. Da sich gerade ein Streifenwagen in der Nähe meines Hauses befand, kamen sie sehr schnell. Sie nahmen den Einbrecher fest und einer der Beamten sagte dann mit besorgtem Gesicht: „Da haben Sie aber großes Glück gehabt. Der Mann ist heute Morgen aus der Justizvollzugsanstalt ausgebrochen. Er ist ein mehrfach vorbestrafter Serientäter. Früher war er wohl mal Boxer und niemand konnte ihn bisher festhalten. Im letzten Jahr hatte er sogar einen Juwelier erschlagen." Ich konnte mein Glück kaum fassen. Ich erinnerte mich, dass ich wohl etwas in der Hand gehalten haben musste, als ich zuschlug. Ich suchte das gesamte Zimmer ab. Und unter einem Schrank entdeckte ich schließlich eine große goldfarbene Kugel. Verblüfft hob ich sie auf und betrachtete sie neugierig. Sie musste aus Metall bestehen, so schwer, wie sie war. Auf dem goldfarbenen Überzug war eine Schrift eingemeißelt: „MARRY CHRISTMAS, PETER" Ich konnte mich nicht daran erinnern, so etwas je besessen zu haben. Sollte der Einbrecher vielleicht … unmöglich! Als ich zu meinem Bett zurückkehrte, wollte ich das Goldpapier meines Schokoladenweihnachtsmannes wegräumen. Ich nahm die Folie und stutzte. In der

Hand des Weihnachtsmannes lag eine große goldene Kugel. Doch das war nicht das Verrückteste an der Sache. Vielmehr war es die Aufschrift, die auf der Kugel glänzte: „MERRY CHRISTMAS, PETER"

Eingeschneit

Endlich war es Winter geworden. Von einem leichten Wind bewegt flogen die Flocken vor meinem Fenster wie Daunenfedern auf und ab. Mein kleines Haus, welches ich erst seit einem Jahr bewohnte, lag ziemlich einsam. Ich hatte es von meinem Großvater geerbt. Allerdings waren die Wege in die Stadt und zu meiner Arbeit recht weit. Und jetzt im Winter gestaltete sich die Fahrt über die unbefestigte Landstraße sehr schwierig. Überdies musste ich mich mit dem Gedanken befassen, eine neue Heizung einbauen zu lassen. Großvater hatte sie damals zwar ab und zu überprüfen lassen, doch jetzt nagte der Zahn der Zeit beträchtlich an dem alten Monstrum. Leider fehlte mir das Geld, um die Anlage zu erneuern. Als ich an einem sehr stürmischen Abend von der Arbeit nach Hause zurückkehrte, bemerkte ich zu allem Übel auch noch, dass der Sturm mehrere Löcher in das alte Dach gerissen hatte. Das war zu viel! Das überstieg eindeutig meine finanziellen Möglichkeiten! Ich nahm mir vor, das Haus zu verkaufen. Schweren Herzens beauftragte ich einen Immobilienmakler mit dieser Aufgabe. Außerdem begann ich mit dem Aussortieren. Als ich den Keller betrat, traf mich regelrecht der Schlag. Seit Jahren war keiner mehr hier unten gewesen. Alles lag kreuz- und quer durcheinander. Es dauerte Tage, bis ich mir einen kleinen Pfad durch dieses Chaos gebahnt hatte. Eines Tages rief mich der Immobilienmakler zurück. Er meinte, er habe endlich einen Käufer gefunden. Wir vereinbarten einen Besichtigungstermin und die junge Familie zeigte ernsthaftes Interesse. Immerhin noch eine knappe Woche hatte ich Zeit, um meine Sachen zu packen. Trotzdem wurde mir das Herz derartig schwer, dass ich kaum noch etwas essen konnte. Ich wusste, dass Großvater damals sehr an diesem alten Haus hing. Mit seinen eigenen Händen und unendlich vielen Entbehrungen hatte er es errichtet. Und jetzt sollte ich es für einen Spottpreis an wildfremde Leute abgeben? Mir wurde schwindlig bei diesem Gedanken. Die Weihnachtszeit kam und mit ihr auch die Erinnerungen an die Kinderzeit. Was hatten wir damals nicht alles erlebt. Großvater baute mir im Garten ein kleines Baumhaus. Und meine Eltern hatten das gesamte Haus monatelang in mühevoller Handarbeit verputzt, weil sie das Geld für die Maurer nicht aufbringen konnten. An Weihnachten aber waren wir immer zusammen und erzählten uns die spannendsten Geschichten unterm Weihnachtsbaum. Auch war es in diesem Haus, als ich die furchtbare Nachricht vom Tod meiner Eltern erhielt. Sie waren bei einem

schweren Autounfall ums Leben gekommen. Immer spielte dieses kleine alte Haus eine wichtige Rolle in meinem Leben. Aber es half nichts. Ich musste es verkaufen. Als ich eines Morgens erwachte, wunderte ich mich sehr. Obwohl der Wecker bereits 8 Uhr anzeigte, blieb es stockdunkel. Irritiert schaute ich zum Fenster. Über Nacht musste so viel Schnee gefallen sein, dass er bis zum Dach reichte. Ich war eingeschneit! Ich versuchte, die Feuerwehr zu erreichen. Doch die Telefonleitung war tot. Und auf meinem Handydisplay entzifferte ich lediglich die verhängnisvollen Worte: KEIN NETZ! „Na wunderbar", rief ich laut. Genervt stieg ich in den Keller, um nach einer Schaufel zu suchen. Glücklicherweise hatte ich schon das meiste aus dem Keller gebracht, um es später zu entsorgen. So fiel es mir leichter, zwischen den wurmstichigen Holzregalen nach Werkzeug zu suchen. Auf einem zugenagelten Verschlag klebte ein zerrissenes Schild.

„Winterausrüstung", stand da kaum noch lesbar geschrieben. Das musste Großvater noch hier angebracht haben. Ohne große Anstrengung ließ sich der morsche Verschlag aufbrechen. Doch eine Schaufel oder eine Hacke fand ich dort nicht. Lediglich eine kleine Holzkiste. Sie stand vergessen auf dem total verdreckten Fußboden. Ich nahm die Kiste und stellte sie auf einen kleinen Hocker. Sie war nicht sehr schwer. Doch im Inneren klapperte etwas. Auf dem Deckel entdeckte ich ein eingerostetes Schloss. Da ich mir ganz sicher war, für dieses Schloss nirgends mehr einen Schlüssel zu finden, versuchte ich, den Deckel mit den Händen zu öffnen. Als mir dabei die Kiste herunterfiel, sprang der Deckel wie von selbst auf. Im Inneren lag lediglich ein verrotteter Briefumschlag, sonst nichts. Ich öffnete ihn. Laut klimpernd fiel ein kleiner Schlüssel herunter. Außerdem steckten noch ein zusammen gefalteter Brief und zwei Fotos darin. Auf den Bildern waren meine Eltern in Hochzeitsroben zu sehen. Auf der Rückseite der Fotos standen ihre Namen: Rita und Manfred. Ich faltete den Brief auseinander und las: „Für meine liebe Edna. Wenn Du das liest, bin ich schon tot. Du wirst es nicht glauben, aber ich habe im Lotto gewonnen. Genau 3,5 Millionen Dollar. Ich habe das Dach decken lassen und die neue Heizung bezahlt, damit Du nie wieder Kohlen schleppen musst. Auch sollen Rita und Manfred endlich heiraten. Den Rest lege ich in Wertpapieren an und deponiere sie in einem Bankschließfach. Hier sind die Daten und der Schlüssel. Ade meine geliebte Edna. Meine Herzkrankheit hat mich nun von Dir getrennt. Ich liebe Dich. Du wirst immer in meinem Herzen bleiben." Mit Tränen in den Augen faltete ich den Brief wieder zusammen. Wieso hatte Großvater nie darüber gesprochen? Hatte er es vergessen?

Ich erinnerte mich, dass er ganz plötzlich einen schweren Herzinfarkt erlitt, an dem er schließlich starb. Großmutter hatte den Schmerz nie verwunden. Kam sein Tod vielleicht so plötzlich, dass er an die Wertpapiere nicht mehr denken konnte? Als ich aus dem dunklen kalten Keller zurückkehrte, empfing mich eine wohlige Wärme. Die Sonne schien durch die Fenster. Und kein Schnee verdeckte mehr die Sicht. Verwundert bemerkte ich, dass die Heizung auf der höchsten Stufe stand und bullig heiß war. Wie konnte das sein? Sie funktionierte doch seit einiger Zeit kaum noch. Wegen der Wärme unter den Fenstern, musste der Schnee draußen geschmolzen sein. Auch mein Handy empfing wieder volles Netz. Noch am gleichen Tag fuhr ich zur Bank. Die Wertpapiere brachten mir 3 Millionen Dollar ein. Ich konnte das Haus behalten. Eine neue Heizung musste ich nicht mehr einbauen lassen. Die alte funktionierte nach einer gründlichen Sanierung wieder einwandfrei. Und manchmal grummelte sie sogar so laut, dass ich meinte, Großvaters Stimme zu hören ...

Der Weihnachtsbaum

Jay hatte sein Versicherungsbüro in der obersten Etage eines Hauses in der O'Farrell-Street, mitten in San Francisco. Die Geschäfte liefen wieder einmal sehr gut und seine Kunden, die tagtäglich zu ihm kamen, waren sehr zufrieden mit ihm. Dennoch litt sein Familienleben sehr unter seiner vielen Arbeit und sein kleiner Sohn Jamy war sehr traurig, dass sein Papa jeden Tag erst sehr spät aus der Stadt nach Hause kam. Selten nur konnte er mit ihm spielen und über die weiten Wiesen laufen. Dennoch war er froh, dass Papa wenigstens an den Wochenenden daheimblieb. Allerdings hatte er sich manchmal sehr viel Arbeit aus dem Büro mit nach Hause genommen. Jamy brauchte schon eine Menge Kraft, seinen Papa davon zu überzeugen, dass er ihn brauchte und mit ihm spielen wollte. So neigte sich das Jahr langsam dem Ende entgegen und das Weihnachtsfest rückte immer näher. Der Papa hatte einen wunderschönen Weihnachtsbaum mit einer besonders langen und gerade gewachsenen Spitze auf einem Markt besorgt und ihn in eine dunkle Ecke seines Büros gestellt. Am Abend, wenn er nach Hause fuhr, wollte er das Bäumchen mitnehmen. Immer wieder rief sein Sohn Jamy an und erinnerte ihn daran, dass er doch den Baum nur ja nicht vergessen durfte. Doch der Papa beruhigte ihn und meinte, dass er an alles gedacht habe. Jamys Mama Laura beruhigte den kleinen und tröstete ihn. Sie meinte, dass sie mal mit Papa reden würde, dass der sein Büro vielleicht nach Hause verlegte. Mit seinem PC könnte er dann von Zuhause aus mit seinen Kunden verhandeln. Und dann wäre er wie früher wieder öfter bei Jamy. Der freute sich, dass ihn seine Mama so gut verstand und sehnte sich doch so sehr, dass es wieder so sein würde. Wie oft hatten sie früher, als Papa diesen Job noch nicht hatte, im Garten gespielt. Wozu brauchte er schon all die vielen Spielsachen und Papas vieles Geld, wenn er ihn immer nur am Wochenende ganz für sich allein hatte. Traurig trottete er in sein Zimmer und schaute aus dem Fenster zu den weiten Wiesen und Feldern. Er träumte von den schönen Zeiten und davon, dass ein Engel käme, der ihm seinen Papa für immer zurückbrächte. Doch er wusste, dass so etwas wohl niemals geschehen würde. Und ob die Mama Erfolg hatte, wenn sie mit Papa am Abend sprach, dass er von zu Hause aus arbeiten möge, glaubte er nicht. Es würde so sein wie immer, Papa wäre jeden Tag im Büro. Und als ob das noch nicht alles wäre, hörte Jamy im Radio nun auch noch die traurigsten Weihnachtslieder. Da liefen ihm dicke Tränen über seine roten Wangen. Draußen begann es zu schneien und die Flocken fielen so dicht, dass Jamy die Straße vorm Haus gar nicht mehr erkennen konnte. Aber auch der Papa hatte den heftigen Schneefall bemerkt. Er schaute auf seine Armbanduhr und wusste nicht, ob er an diesem Abend zeitig genug nach Hause fahren konnte. Besorgt rief er die Mama an und sagte ihr, dass es sich verzögern konnte. Und so nahm er sich einige Akten aus der Registratur und begann, diese zu bearbeiteten. Plötzlich jedoch bemerkte er einen versenkten Geruch. Er schaute sich in seinem Büro um, doch da schien alles in Ordnung zu sein. Wo kam dieser seltsame Geruch her? Er wollte weiterarbeiten, doch der Geruch wurde immer stärker und schließlich war es einfach nicht mehr auszuhalten. Er öffnete das Fenster, um den Rauch, der durch die Türspalte herein quoll, herauszulassen. Doch das reichte nicht mehr aus. Er wollte sich vergewissern, woher der Rauch kam, öffnete die

Tür. Doch so schnell wie er sie geöffnet hatte, warf er sie auch wieder zu. Das gesamte Vorzimmer, inklusive aller Akten in den Schränken hatte Feuer gefangen und brannte bereits lichterloh. Jay wurde panisch, er wusste, dass er sich in der obersten Etage befand und er wusste, dass er nur durch das Vorzimmer zum Treppenhaus und zum Lift kam. Würde er nun sterben müssen? Er dachte an seine Frau Laura und an seinen kleinen Jamy. Der würde ihn niemals mehr wiedersehen und wäre dann so traurig, und das noch vor dem Weihnachtsfest. So durfte es doch nicht enden! Aber was sollte er tun? Was blieb ihm nur, wenn das Feuer durch die Tür bräche? Als er zu dem in der Ecke stehenden Weihnachtsbaum schaute, kamen ihm die Tränen. Doch was war das? Neben dem Weihnachtsbaum stand irgendetwas, das bis eben noch nicht dort war. Oder hatte er es vielleicht nur nicht

bemerkt? Er ging näher, um nachzusehen, was es war. Neben dem Weihnachtsbaum stand ein silbernes Kreuz. Es stand da und leuchtete. Wie kam dieses silberne Kreuz in sein Büro? Und weil der Qualm immer intensiver wurde und er kaum noch richtig atmen konnte, kniete er sich vor das kleine Kreuz und betete. Er betete jedoch nicht für sich und sein Überleben. Er betete für seine Frau Laura und für seinen kleinen Sohn Jamy. Der war zu Hause und wusste gar nichts von alledem. Ach, wie gern wäre er jetzt bei ihm. Dann könnten sie wieder zusammen durch die Wiesen laufen. Jay konnte nicht wissen, dass auch Jamy diese Gedanken hatte. Jamy saß noch immer vor seinem Fenster und starrte auf die Flockenpracht, die sich vor seinem Kinderzimmerfenster tummelte. Doch plötzlich sah er seinen Papa in all dem Flockenwirbel. Er sah, wie der vor einem silbernen Kreuz kniete und betete. Wieso betete der Papa, schoss es Jamy durch den Sinn. Er hatte doch noch nie an einem Wochentag gebetet. Da musste etwas passiert sein, Jamy wusste es genau. Aufgeregt lief er zu seiner Mama und berichtete ihr von seiner Erscheinung. Und als er nicht lockerließ, rief die Mama bei Jay im Büro an. Dort meldete sich jedoch keiner. Und nun spürte auch sie, dass da etwas nicht stimmte. Wie ferngesteuert nahm sie erneut den Telefonhörer zur Hand und wählte nun die Nummer der Feuerwehr. Sie wusste nicht, warum sie das tat, aber ihre Gefühle schlugen in diesen Augenblicken Purzelbäume. Aber auch bei Jay im Büro wurde die Lage immer dramatischer. Die Flammen hatten sich bereits in die Tür hineingefressen und diese drohte nun, jede Sekunde aufzuspringen. Da leuchtete plötzlich das Kreuz blitzartig auf und auch der kleine Weihnachtsbaum glitzerte, als wäre er aus Gold. Jay starrte auf diese seltsame Erscheinung und wich zurück. Plötzlich sah er, wie die Fenster wild auf und zu schlugen. Was hatte das zu bedeuten? Mit letzter Kraft schleppte er sich zu den Fenstern und glaubte seinen Augen nicht mehr zu trauen. Vor den Fenstern befand sich eine Feuerleiter. Sie führte bis zum Bürgersteig nach unten. In Windeseile kletterte Jay aus dem Fenster auf die Feuerleiter und rannte hinunter. Unten wurde er bereits von der Feuerwehr empfangen. Einer der Feuerwehrleute deutete nach oben zu Jays Büro. Und Jay erstarrte vor Schreck. Aus allen Fenstern seines Büros loderten meterhohe Flammen. Wäre er auch nur eine Sekunde länger dort oben geblieben, nicht auszudenken, er hätte seine Familie nie wiedergesehen. Weinend fiel er dem Feierwehrmann in die Arme. Dann musste er sich erst einmal auf die Trage neben dem Feuerwehrauto legen. Da er der einzige war, der in der obersten Etage arbeitete, war die Bergung der restlichen Leute aus dem Haus nicht mehr so schwierig. Es stellte sich heraus, dass der Dachstuhl Feuer gefangen hatte. Ein defektes Stromkabel war wohl der Auslöser. Rasch hatte sich das Feuer dann auf die Büros im Dachgeschoss ausgebreitet. Jay konnte sein Glück kaum fassen. Immer wieder schaute er nach oben zu den Flammen und beobachtete die Feuerwehrleute, wie sie gegen diese Feuersbrunst kämpfte. Beinahe wäre alles zu Ende gewesen und Jay nahm sich vor, seine Arbeitsstätte sofort nach Hause zu verlegen. Das war er seinem kleinen Jamy, seiner geliebten Laura und nicht zuletzt sich selbst schuldig. Denn dieses Unglück hatte ihm die Augen geöffnet. So leichtfertig, wie er sich in den letzten Monaten verhalten hatte, durfte er nie wieder mit all seinen Lieben umgehen. So schnell konnte alles vorbei sein, nur, weil man immer noch mehr verdienen will. Doch worauf es wirklich ankommt, das waren nicht Geld und Erfolg! Nein das waren das Leben und die Liebe. Und das war die Familie, seine Familie. Ja, er liebte sie wirklich sehr. Und er konnte sich nicht vorstellen, wie es wäre, wenn er diesen Unfall nicht überlebt hätte. Es wäre wohl auch das Ende seiner Familie gewesen. Als er sich wieder erholt hatte, fuhr er nach Hause. Auch das Schneetreiben hatte sich gelegt. Nur vereinzelte Flocken segelten noch verloren über die Straßen. Als er daheim ankam, war die Freude riesengroß. Laura und Jamy fielen ihm um den Hals. Doch als Jamy von seiner merkwürdigen Beobachtung berichtete, dass er den Papa vor einem silbernen Kreuz hatte beten sehen, wurde der Papa ganz still. Er wusste, dass sich das, was Jamy da gesehen hatte, wirklich genau so zugetragen hatte. Und er erzählte, wie er dieses silberne Kreuz plötzlich in seinem Büro erblickte. Er sagte, dass er sich niederkniete, um zu beten und er sprach von dem Weihnachtsbaum, der plötzlich begann hell zu leuchten. Jamy allerdings wunderte sich sehr. Denn irgendetwas schien sein Papa da wohl zu verwechseln. Denn kurz bevor der Papa nach Hause kam, war ein Fremder vor der Haustür erschienen. Der hatte einen Weihnachtsbaum dabei und meinte, dass dieser von Papa geschickt worden sei. Jay wunderte sich, denn er wusste genau, dass der Weihnachtsbaum in seinem Büro in einer Ecke stand. Sicherlich war der bei dem Feuer verbrannt. Es musste ein anderer Weihnachtsbaum sein. Doch wer sollte der Familie einen Weihnachtsbaum ins Haus bringen. So etwas würde doch nur der ... alle starrten sich schweigend an. Dann lief der Papa schnurstracks hinaus und schaute sich den Weihnachtsbaum an. Und als er sah, dass dieser ebenso klein war, wie der, den er im Büro abgestellt hatte und sogar die gleiche lange gerade gewachsene Spitze trug wie dieser Baum, schaute er zum Himmel und sprach ganz leise: „Amen" Und so kam der Heilige Abend. Jay wollte zuvor noch einmal in die Stadt, um zu sehen, was er aus seinem Büro vielleicht noch sicherstellen konnte. Alle fuhren mit, doch als sie am Bürohaus ankamen, stellte Jay erschüttert fest, dass da wohl nichts mehr zu retten war. Aus den Fenstern tropfte noch das restliche Löschwasser, und ein Feuerwehrmann, der sich im Haus aufhielt, machte ihm keine Hoffnung mehr, noch etwas Brauchbares zu finden. Er verwies Jay auf die Versicherung. Als Jay wieder aus dem Haus kam, fiel ihm etwas auf, das er erst gar nicht bemerkt hatte. Die Feuerleiter, über welche er sich nach unten gerettet hatte, war verschwunden. Und als er den Feuerwehrmann fragte, warum man die Feuerleiter abgebaut habe, meinte der nur: „An diesem Haus hatte es nie eine solche Leiter gegeben, ist Ihnen denn das nicht aufgefallen? Na ich wünsche Ihnen alles Gute und Gesundheit und Frohe Weihnachten." Jay umarmte seine Familie und sagte dann leise zu Laura und zu seinem kleinen Sohn Jamy: „Frohe Weihnachten"

Ein Dezemberabend

Es war Dezember, die Zeit vor Weihnachten. Meine Tage in Berlin waren gezählt. Schon am nächsten Tag musste ich wieder zurück in die Provinz. Endlose 300 Kilometer Autobahn, die ich hasste wie die Pest. So gern wäre ich für immer hiergeblieben. Hier in meinem Berlin! Doch so viele ungeklärte Dinge warteten gierig da draußen, irgendwo im Nirgendwo. Ich bekam Herzklopfen und so ein seltsames Gefühl von Übelkeit in der Magengegend, wenn ich nur darüber nachdachte. Deswegen zwang ich mich, nicht daran zu denken. Der Abend war kalt. Mit meinem besten Freund Micha schlenderte ich ziellos um den Tegeler See. Nebel verfing sich über dem Wasser und breitete sich mehr und mehr aus. Die Stunden krochen durch mich hindurch wie die eisige Kälte. Trotzdem wollte ich hier draußen sein. Noch einmal dieses Berlin genießen, in mich aufnehmen. Ein bisschen träumen. Und diese leichte Berliner Luft schnuppern, was für ein Genuss! Micha erzählte von diversen Kneipen, die man in der piefigen Provinz nicht einmal am Tage betreten würde. Ich sog alles in mich auf. Hatte ich Torschlusspanik? Vielleicht! Vielleicht aber war es auch ein Gefühl der Veränderung, das da pochte. Hier war eben alles anders. Hier war ich wahrlich ein anderer. Ich fühlte mich sicher und geborgen. Und ich wusste, das ist es, was ich immer suchte. Das ist meine Freiheit. Nur selten kamen uns Leute entgegen. An einem Steg blieben wir stehen und schauten auf das verlassene Schiff, welches schweigend und leblos vor sich hindümpelte. Micha schaute mich mit großen Augen an. Er ahnte meine Gedanken. Verkniffen schaute er zu Boden. „Wirst schon irgendwann hier sein", meinte er dann leise. Und irgendwie schien es mir, als ob der See diesen vielsagenden Satz wie ein Echo wiederholte. Sehnsüchtig schaute ich in den Nebel hinaus. Ich wusste, dass es noch sehr lange dauern könnte, bis mich der märkische Boden wiedersehen würde. Doch was sollte all dieses Sollte – Würde – Könnte? Fest stand nur, dass ich morgen Vormittag wieder aufbrechen musste. Verlegen und traurig verirrten sich meine Blicke im Dunkel des Weges. Micha sprach auch kein Wort mehr. Ich wusste, er bedauerte es genauso wie ich. Doch es half ja nichts. Wir beschlossen, noch einmal auf den Weihnachtsmarkt am Kudamm zu gehen. Dort gab es hervorragenden Grünkohl zu essen. Als ich mich noch einmal umdrehte, um dem See ein letztes Lebewohl zu sagen, blitzte es am Horizont hell auf und eine Sternschnuppe zog mit ihrem langen Schweif vorbei. Was ich mir wünschte, verschwieg ich Micha. Heute weiß ich, dass er es wusste. Und es war ja auch kein großes Geheimnis. Er wusste ja, wie sehr ich dieses Berlin in mein Herz geschlossen hatte. Auf dem Weihnachtsmarkt herrschte noch immer reges Treiben. Massen von Menschen bewegten sich zwischen den bunten Lichtern und den zahllosen Buden irgendeinem unbekannten Ziel entgegen. Es war hell wie am Tage. Die Bude, wo wir immer unseren Grünkohl aßen, war noch offen. Der alte Verkäufer nickte mir zu und meinte dann grinsend: "Guten Appetit, die Herren. Wird schon werden!" Bei diesen Worten zwinkerte er mir zu. Ich spürte Erleichterung und Wärme im Herzen. Und der Grünkohl schmeckte wie immer wunderbar. Am nächsten Morgen herrschte gedrückte Stimmung. Ich hatte meine Sachen bereits am Vorabend zusammengepackt. Dann hieß es Abschied nehmen. Micha verkniff sich eine Träne und seine Schwester holte ein Taschentuch aus der Tasche.

„Bist ja nicht aus da Welt", rief sie mir noch zu. Dann fuhr ich los. Micha begleitete mich bis zur nächsten Autobahnraststätte. Dann fielen wir uns ein letztes Mal in die Arme. Lange sah ich Micha noch winken. Und ich glaubte beinahe, dass mir mein Herz vor Trauer aus dem Leibe sprang. Als ich wieder auf der Autobahn war, bemerkte ich einen dicken Kondensstreifen am Himmel. Dann blitzte irgendetwas hell auf. Das musste eine Sternschnuppe gewesen sein. Mit Tränen in den Augen schaute ich in den Rückspiegel. Und ich wusste genau: Ich komme wieder!

Nur ein kleines Lied

Es war am Weihnachtsabend irgendwo in Hollywood. Der Kirchendiener Jim schlenderte ganz allein und ziemlich einsam durch die breiten Straßen seiner wunderschön geschmückten Stadt und sah die vielen erwartungsvollen Gesichter all der Kinder, die an ihm vorüberliefen. Und er erinnerte sich an seine eigene Kindheit vor sechzig Jahren, da lebte er noch in Detroit, Michigan. Immer schon war die Familie arm und Papa und Mama mussten sehr hart arbeiten, um wenigstens an Weihnachten ein schönes Essen auf den Tisch zu zaubern. Von großen Geschenken konnte er nur träumen. Aber nein, er träumte davon nicht. Denn er wollte nicht, dass seine Eltern nur für ihn allein noch mehr arbeiten mussten als sie es ohnehin schon taten. Der allerschönste Moment war dann, wenn die Mama die Kerzen am Weihnachtsbaum entzündet hatte und mit der kleinen Weihnachtsglocke die Bescherung einläutete. Ja, es war dieses Zusammensein, diese Liebe untereinander, die er sich immer bewahrt hatte. Nachdenklich schaute er zu seiner kleinen Kirche, in welcher er seit vielen Jahren stundenweise tätig war. Irgendwie strahlte sie an diesem Heiligen Abend eine alles durchdringende Traurigkeit aus. Längst waren die Gottesdienste vorüber und sicherlich würden sehr viele Kinder sehr viele Geschenke bekommen. Ein leises Lächeln huschte über Jims Gesicht und er wischte sich eine winzige Träne vom Kinn. Es war schade, dass er sich damals mit seinen Eltern verstritten hatte und kaltherzig aus Detroit wegging. Die Familie verlor sich schließlich gänzlich aus den Augen und Jim landete dann in Hollywood, wo er anfangs noch glaubte, sein großes Glück zu finden. Doch alle Träume platzten wie dicke

Seifenblasen im Wind und er war am Ende froh, dass er in dieser kleinen Kirche ab und an mithelfen durfte. Viel Geld konnte er sich als Kirchendiener jedoch nicht zusammensparen. Und zu einer Familie hatte er es auch nie gebracht. Aber er konnte die Menschen glücklich machen. Und genau das war es, was ihn selbst ein klein wenig zufrieden sein ließ.

Als er so vor sich hin grübelnd in eine dunkle Seitenstraße einbog, um langsam nach Hause zu gehen, stand plötzlich ein alter Mann vor ihm. In seiner gebückten Haltung schien es wohl ein Bettler zu sein, dem es wirklich nicht gut ging. Jim fragte den Fremden, ob er ihm helfen könnte. Der alte Mann musterte Jim wortlos, holte dann tief Luft und flüsterte schnell: „Ja, ich glaube, du kannst mir wirklich helfen. Du kannst mich zu deiner Kirche begleiten, um mit mir zu beten." Jim wunderte sich, denn er hatte seine

kleine Kirche doch längst abgeschlossen, weil der letzte Gottesdienst schon vorüber war. Außerdem war er doch gar kein Pfarrer und er war auch nicht sehr bibelfest. Doch der alte Mann, dem es wahrlich nicht sehr gut zu gehen schien, tat ihm ein wenig leid und so antwortete er: „Gut, wenn du willst. Aber es wird ganz sicher kein großes Erlebnis für dich, denn ich bin kein Pfarrer." Der Alte wiegte schweigend mit seinem Kopf und raunte nur: „Ich weiß, ich weiß mein Sohn. Lass uns dennoch gehen." Die beiden liefen die Straße hinunter bis sie vor Jims kleiner Kirche standen. Dunkel lag sie unter den Bäumen und Jim kramte umständlich den Schlüssel aus seiner Jackentasche. Die Tür knarrte beim Öffnen und alsbald standen die beiden vor dem kleinen Altar. Jim hatte eine dicke Kerze angezündet, die er neben dem Altar abstellte. Der Alte schaute immer wieder zu Jim und dann zu Jesus am Kreuz. Dabei schien er ganz leise in sich hinein zu kichern. Wollte er sich etwa lustig machen? „Komm, lass uns jetzt beten", sagte er dann. Und die beiden knieten nieder und sprachen ein Gebet. Es war eigentlich so, wie es immer war, doch auch wieder völlig anders. Jim konnte es sich nicht erklären aber tief in sich verspürte er eine ganz merkwürdige Leichtigkeit, eine Wärme, die er noch nie gefühlt hatte. Was war das nur? Es war doch nur ein ganz gewöhnliches Gebet, welches er schon so oft gesprochen hatte. Und er hatte doch schon für so viele Menschen gebetet. Ihm fiel auf, dass der vermeintliche Bettler ihm sein Gebet widmete. Warum tat er das? Warum schloss er ihn in sein Gebet ein, wenn er ihn doch überhaupt nicht kannte? Aber kannte er ihn wirklich nicht? Die ganze Zeit über war es Jim, als wenn er den Alten schon ewig kannte. Was ging hier nur vor? Solch eine Liebe, die in seinem Herzen war, solch eine Demut und Hingabe zu Gott hatte er lange nicht mehr verspürt. Doch es wurde immer merkwürdiger, denn der Alte erhob sich plötzlich und begann ein Weihnachtslied zu singen, Stille Nacht. Für einen kurzen Moment hielt Jim inne und wartete kurz ab. Dann sang er einfach mit. Und welch ein Wunder – obwohl er nie singen konnte und sich um jedes Lied herumdrückte, weil er die Texte nicht beherrschte, gingen ihm jetzt die Textzeilen über die Lippen, als sei es niemals anders gewesen. Und er sang so wundervoll, dass er es selbst nicht begriff. Auf einmal öffnete sich die Kirchentür und neugierige Menschen schauten herein. Sie mochten sich wohl fragen, wer da so gut singen konnte. Jim staunte, denn es waren all die vielen Bettler, die vergessenen Kranken und die herumlungernden Kinder, die auf den Straßen umherirrten, weil sie an Weihnachten niemanden hatten. Selbst die Prostituierten und die Gangster, die sonst die Straßen unsicher machten, standen wie staunende Kinder vor dem magisch glänzenden Altar, der doch nur von einer einzigen Kerze erhellt wurde. Und der Alte rief laut: „Kommt nur, kommt alle herein, dieser Gottesdienst ist nur für euch!" Jim sang ein Weihnachtslied nach dem anderen und konnte einfach nicht mehr aufhören. Und einer nach dem anderen stimmte mit ein in diesen wundersamen Gesang. Plötzlich jedoch verstummte der Alte und starrte wie begannt zur Tür. Als auch Jim dorthin schaute, traf ihn beinahe der Schlag. Waren da nicht, ja wirklich, sie waren es! In der Tür standen seine Mom und sein Dad. Und es war so wie es damals war, als er noch ein Kind war. Weinend rannte er auf seine Eltern zu und umarmte sie und konnte sie einfach nicht mehr loslassen. In diesem so magischen Moment schien alles vergessen, was jemals zwischen ihnen gestanden hatte, und nur dieser eine Heilige Abend zählte. Ach, es war so wunderbar, dieser Gottesdienst in jener kleinen Kirche, fernab vom Glimmer dieser geheimnisvollen Stadt Hollywood. Und es schien wie ein Märchen, wie ein zauberhaftes Märchen aus einem Märchenbuch, welches wohl nur Gott zu erzählen vermochte. Jim schaute sich um, wollte dem Alten danken, dass der seine Eltern aus Detroit geholt hatte, um ihn zu überraschen. Doch der alte Mann war nirgends mehr zu sehen. Und auch Jims Eltern meinten, dass sie niemand eingeladen hätte. Allerdings hätten sie einen Briefumschlag mit einer höheren Geldsumme erhalten. Und in dem kurzen Anschreiben stand, dass sie damit zu ihrem Sohn kommen sollten, der in Hollywood lebte. Jim konnte das alles nicht glauben. Doch es war ihm auch egal. Es war nur noch wichtig, dass sie alle zusammen waren und sich nun nicht wieder aus den Augen verlieren durften. Doch es gab noch ein weiteres Wunder. Aus einem nahen Restaurant wurde eine riesige Lieferung von Sandwiches und Getränken an die Kirche geliefert. Wer sie bezahlt hatte, wollte der Kurierfahrer nicht sagen, es war eine Überraschung. Doch Jim ahnte, dass nur der Alte dahinterstecken konnte. Es war wirklich ein wunderschöner Heiliger Abend in dieser kleinen Kirche. Und Jim hatte auf einmal die Idee, immer solche Gottesdienste zu halten, nicht nur an Weihnachten. Und er wollte diese Gottesdienste für all die armen Menschen abhalten, die in dieser Stadt lebten. Schon am nächsten Tag sprach er mit dem Pfarrer und der schien recht angetan von dieser Idee, hatte er doch von dem großen Erfolg des Gottesdienstes am Heiligen Abend gehört. Immerhin sprach schon die ganze Stadt davon, und in allen Gazetten wurde darüber berichtet. Eine bessere Publicity konnte sich der Pfarrer nicht vorstellen. Jim allerdings ging es gar nicht darum. Er wollte einfach noch mehr für die Armen tun und hielt fortan so oft es ihm möglich war einen solchen Gottesdienst. Und immer sangen sie Weihnachtslieder, auch „Stille Nacht". Irgendwann wurde auch er als Pfarrer eingesetzt und er wurde sehr berühmt. Viele Städte wollten Jim in ihren Gotteshäusern hören und sehen. In jeder Stadt sang er seine Weihnachtslieder, und immer wieder sang er „Stille Nacht".

Seine Eltern zogen zu ihm nach Hollywood und gemeinsam lebten sie in einem kleinen Haus gleich neben der Kirche, welches sich Jim von seinem Geld nun leisten konnte. Ja, es war so, wie es früher war – sie waren alle wieder zusammen. Mehr wollte Jim auch gar nicht. Den alten Mann hatte er nie wiedergesehen. Doch immer, wenn er seinen Gottesdienst abhielt, glaubte er, dass der Alte ganz nah bei ihm war. Er hörte ihn sogar singen, und allein das gab ihm die

Überzeugung, dass er es richtiggemacht hatte. Er wusste genau, was er im Leben wollte. Er wollte die Menschen glücklich machen und wollte für immer mit seinen Eltern zusammen sein. Er wusste, sein Leben war wie ein märchenhaftes Lied und er wollte immer nur dieses eine, leise kleine Weihnachtslied singen:

„Stille Nacht"

Der Weihnachtsengel

Kurz vor Weihnachten hatte Ralfs Schulklasse eine kleine Ausfahrt geplant. Es sollte in den Harz gehen, wo man sich die wunderschöne Stadt Wernigerode anschauen wollte. Auch der Besuch eines Gottesdienstes war geplant. Dazu wurde ein Bus organisiert. Am 22. Dezember, in den frühen Morgenstunden ging es los. Siebzehn Schüler fuhren mit und alle freuten sich gleichermaßen auf die Tour. Die Eltern hatten den Kindern prall gefüllte Rucksäcke für die Reise mitgegeben und nun standen alle am vereinbarten Ort, um sich zu verabschieden. Es war ein großes Hallo, als sich die Kinder trafen und ein noch größeres, als endlich der Bus anrollte. Die Kinder stiegen ein und die Reise begann. Weil es ziemlich kalt war, hatte der Busfahrer die Heizung so richtig aufgedreht. Einer nach dem anderen zog sich seine Jacke aus. Bis zur ersten Rast spielte auch das Wetter mit. Die Sonne strahlte vom Himmel und die Autobahn war vom Schnee beräumt. Alles klappte hervorragend und alle freuten sich schon auf Wernigerode. Ralf saß neben Uwe, seinem Schulfreund. Die beiden hatten sich immer eine Menge zu erzählen. Vor allem Ralf, denn sein kleines Schwesterchen, welches andauernd im Mittelpunkt stehen wollte, nervte ihn damit, den Weihnachtsmann sehen zu wollen. Dabei glaubte Ralf schon lange nicht mehr an ihn, denn der Weihnachtsmann war immer der Papa. Auf dem Rastplatz gab's erst einmal ein ordentliches Frühstück. Heiße Würstchen mit Limonade. Aber auch Schokoriegel hatte der Busfahrer mit an Bord. Der heiße Tee der Eltern blieb in den Thermoskannen. Frisch gestärkt ging's endlich weiter. Plötzlich verschlechterte sich das Wetter. Es begann heftig zu stürmen und zu schneien und die Fahrbahn, die in der kurzen Zeit natürlich nicht geräumt werden konnte, verwandelte sich in eine gefährliche Rutschbahn. Der Busfahrer kam nicht mehr dazu, den Bus so schnell abzubremsen. Mit immer noch viel zu hohem Tempo fuhr er in den Schnee und der Bus begann beängstigend auf der Fahrbahn zu schlingern. Noch versuchte der Fahrer gegenzulenken. Vielleicht ließ sich das tonnenschwere Gefährt ja irgendwie stabilisieren. Er bremste nicht, weil das den Bus erst recht ins Trudeln bringen würde. Sicherheitshalber hatte er den Fuß vom Gas genommen. Doch all diese Maßnahmen, wie auch die Sicherheitstechnik im Bus reichten nicht mehr aus. Gespenstische Stille breitete sich unter den jungen Fahrgästen aus. Einige schauten sich nur an, andere starrten wie vom Schlag gerührt hinaus auf die verschneite Fahrbahn. Keiner sprach

auch nur ein einziges Wort. Auch Ralf und Uwe klebten in ihren Sitzen und hielten sich verkrampft an den Sitzlehnen fest. Das Hin und Herschaukeln des Busses wurde immer heftiger und bedrohlicher. Schon flogen einige Rucksäcke wie Geschosse durch den Bus. Glücklicherweise trafen sie keinen der Fahrgäste. Schließlich durchbrach das Fahrzeug die Mittelleitplanken, schaukelte aber sofort wieder quer über die Fahrbahn auf die andere Seite und raste über die Standspur hinaus. Ein greller Blitz zuckte an den Fenstern vorbei und ließ den Bus erzittern. Alle rechneten bereits mit dem Schlimmsten. Plötzlich wurde die Fahrt merklich langsamer und nach einem heftigen Stoß kam der Bus kurz vor einem Waldstück schließlich zum Stehen. Doch was war das – wo blieb der Fahrer? Der Sitz hinter dem Lenkrad war leer! Stattdessen öffnete sich die vordere Tür und ein Mann in einem roten Weihnachtsmannkostüm stieg zu. Die vollkommen verängstigten Kinder konnten noch immer nicht sprechen. Stumm krallten sich alle an ihren Sitzen fest. „Na, sind alle noch heil geblieben", rief der Fremde laut. Die Kinder wussten nicht, was sie davon halten sollten. Noch immer saß ihnen der Schreck in den Gliedern. Einigen war schlecht geworden und wollten aussteigen. Doch der Fremde meinte nur mit lustiger Stimme: „Ich sehe, Euch geht's gut. Das ist doch schon mal was. Und aussteigen könnt ihr gleich. Es muss nur noch etwas geregelt werden, dann lasse ich Euch alle raus. Zieht Euch aber warm an, denn draußen ist es kalt. Habt Ihr alle eine Jacke dabei?" Die Kinder wurden langsam etwas ruhiger und fanden auch ihre Sprache wieder. „Ja", riefen alle wild durcheinander. „Da bin ich ja beruhigt", rief der Fremde, „draußen gibt's gleich heißen Tee. Und ansonsten wünsche ich Euch und Euren Familien trotz

alledem recht Frohe Weihnachten." Ralf schaute neugierig aus dem Fenster. Aber er konnte nirgends jemanden entdecken. Und erst jetzt bemerkte er, dass auch die Autobahn vollkommen verlassen schien. Kein einziges Fahrzeug war zu sehen. Eben noch rasten doch dutzende Autos vorbei. Wo waren die alle geblieben? Im Schnee stecken geblieben? Aber dann müssten sie doch zu sehen sein, oder? Ralf wusste nicht, was er dazu sagen sollte. Er schaute zu dem seltsamen Weihnachtsmann, der im Gang stand und sich mit den Kindern unterhielt. Dann schaute er zur leergefegten Autobahn hinüber. Auch der Schneesturm hatte aufgehört. Die Sonne schien, als sei nichts geschehen. Und wo blieb eigentlich der Fahrer? Unmöglich konnte der Bus ohne Fahrer unterwegs gewesen sein, oder? Als der Fremde neben ihm im Gang stand, erkundigte sich Ralf nach dem Fahrer. Der Fremde schaute Ralf plötzlich so merkwürdig traurig an und sagte dann leise: „Glaub mir Ralf, dem geht es gut. Es lohnt sich nicht, dass Du Angst um ihn hast. Wichtig ist nur, dass es Euch allen hier gut geht. Nur das zählt im Moment." Hatte dieser obskure Weihnachtsmann da etwa seinen Namen genannt. Ralf erschien das Verhalten des Fremden immer seltsamer. Er fragte ihn, woher er seinen Namen wüsste. Doch der Fremde lachte nur und meinte dann, dass der Weihnachtsmann alles wüsste, sonst wäre er ja nicht der Weihnachtsmann. Aus seinen großen Manteltaschen holte er plötzlich unzählige Zimtsterne heraus. Sie waren sehr groß, viel größer als die, die man in den Läden kaufen konnte. Er verteilte die Zimtsterne unter den Kindern, die sich sogleich gierig darüber hermachten. Der Unfall und der fehlende Fahrer schienen beinahe vergessen. Nach ein paar Minuten rief der Fremde, dass nun alle aussteigen müssten. Die Kinder befolgten seine Anweisungen. Draußen sollten sie sich vor den angrenzenden Wald stellen und warten. Hilfe sei schon unterwegs. Und der heiße Tee auch. Dann sagte er noch: „Fürchtet Euch nicht. Alles wird gut. Immer. Wichtig ist nur das Leben, mehr nicht." Bei diesen letzten Worten schlug er ein Kreuz vor den Kindern und verschwand urplötzlich zwischen den Bäumen des Waldes. Kaum war er verschwunden, setzte ein heftiges Schneegestöber ein. Der Sturm kehrte zurück und peitschte die eiskalten Flocken auf die roten Wangen der Kindergesichter. Und auf der nahen Autobahn kroch eine endlose Autokarawane vorbei. Außerdem wurde es dunkler und dunkler. Doch was war das? Ihr Bus, aus welchem sie eben noch ausgestiegen waren, lag zerbeult und vollkommen zerstört auf der Seite. Aus einigen Fenstern schlugen meterhohe Flammen und dicker Rauch. Ängstlich standen die Kinder am Waldrand und konnten nicht glauben, welch schreckliches Bild sich ihnen bot. Ralf zitterte vor Kälte und vor Angst. Er hatte in diesem Moment so unendlich viele Fragen. Wie war es möglich, dass keiner von dem Brand etwas mitbekommen hatte? Und wie war es möglich, dass alle diesen furchtbaren Unfall überlebt hatten? Aus der Ferne vernahmen sie das Geheul von Polizeisirenen. Endlich kam Hilfe. Die Kinder wurden noch vor Ort von Notärzten untersucht. Man hüllte sie in warme Decken und gab ihnen heißen Tee. Es stellte sich heraus, dass sie völlig gesund und unversehrt waren. Nicht einmal ein Knochenbruch wurde festgestellt, nichts. Nur ihre Rucksäcke waren im Feuer verbrannt. Für den Busfahrer allerdings kam jede Hilfe zu spät. Als der Bus gegen die Leitplanke stieß und sich daraufhin überschlug, wurde er aus dem Fahrzeug geschleudert. Ralf berichtete einem Polizeibeamten von den rätselhaften Erlebnissen. Auch von dem seltsamen Weihnachtsmann und den großen Zimtsternen sprach er. Doch der Beamte schaute ihn nur misstrauisch an. Als auch die anderen Kinder von diesem merkwürdigen Erlebnis berichteten, wurden die Beamten sehr nachdenklich. Doch es überwiegte die Freude. Froh und glücklich konnten die Eltern ihre Kinder wieder in ihre Arme schließen. Am Heiligen Abend hatte man alle Kinder und deren Eltern zu einem Gottesdienst in die Kirche eingeladen. Alle waren gekommen. Und als Ralf, der auch Schülersprecher war, am Mikrofon einige Worte des Dankes an die Retter richtete, sah er unter den vielen Menschen, die auf den alten Holzbänken saßen, einen Weihnachtsmann. Der saß neben Ralfs kleiner Schwester und beide knabberten ungestört an riesengroßen Zimtsternen herum. Ralf wiederholte die Worte, welche der Weihnachtsmann aus dem Bus zu ihnen sprach: „Fürchtet Euch nicht. Alles wird gut. Immer. Wichtig ist nur das Leben, mehr nicht." Als er geendet hatte und wieder in die Menschenmenge schaute, war der Weihnachtsmann verschwunden. Nur ein silberner Nebelschleier flog durch das große Kirchentor hinaus bis in den sternenübersäten Himmel. Und wie von selbst begann die Orgel ein Lied zu spielen: Stille Nacht – Heilige Nacht. Und Ralf war es, als ob er in dem silbernen Streif zwei leuchtende weiße Flügel gesehen hätte ...

Engel der Hoffnung

Hurra! Das laute Gejohle war in der ganzen Straße des kleinen Ortes zu hören. Tim saß in seiner winzigen Einraumwohnung und konnte es nicht fassen. Er, der ungelernte Lagerarbeiter, der nie Geld hatte und nicht einmal mehr einen Kredit auf der Bank bekam, hatte einen Sechser im Lotto. Es war eine unbeschreibliche Freude, die in ihm emporstieg. Immer und immer wieder wiederholte er die Zahlen, die soeben gezogen wurden. Endlich lag er einmal richtig – endlich hatte auch er einmal Glück. Schon in den darauffolgenden Tagen kündigte er seine Wohnung und meldete sich in einer Fahrschule an. Er musste unbedingt den Führerschein nachholen. Und er sah sich schon in einem dicken Luxuswagen die engen Straßen seiner Provinzstadt entlang brausen. Alles kam, wie er es sich erträumt hatte. Das große Geld, der Luxuswagen, ein kleines Häuschen am Stadtrand, sogar ein Motorboot auf dem See des benachbarten Kurortes nannte er sein Eigen. Demütig dankte er seinem Schicksal und trug fortan die teuerste und modernste Markenkleidung. Seinen Job hatte er per Brief schnellstens gekündigt. Was sollte er mit dieser unbefriedigenden Arbeit, die ihm nichts einbrachte. Er genoss es regelrecht, an seinem ehemaligen Chef vorbei zu fahren und hupte sogar noch, wenn er ihn auf der Straße überholte. So verging ein Jahr. Und Tim hatte wirklich viele neue Freunde gefunden. Die luden ihn sehr oft ein und sein Alltag glich einer einzigen Partymeile. Sollte das nun sein neues Leben sein? Es war ein nebliger Januartag, als er kaum noch aus dem Bett kam. Alles fiel ihm schwer und er fühlte sich einfach nicht mehr wohl. Angst und Misstrauen befielen ihn. Was, wenn man ihn bestehlen würde? Er konnte keinem Menschen mehr trauen und zog sich mehr und mehr zurück. Und seine neuen Freunde? Denen war er schnurz egal. Die sahen nur sich selbst. Und wer nicht mit ihnen feiern wollte, der sollte doch bleiben, wo der Pfeffer wächst! Tim allerdings fühlte sich einsam und nicht mehr gebraucht. Obwohl er Millionen auf seinem Konto hortete, beschlichen ihn unendliche Traurigkeit und Leere. All die Menschen, die ihn noch aus seinen früheren Jahren kannte, hatten sich längst von ihm zurückgezogen. Sie konnten ja eh nicht mit seinem Reichtum und seinem zügellosen Lebensstil mithalten. Und sie wollten es auch nicht. Seine Schwermut wurde von Tag zu Tag schlimmer. Das schöne Haus, der Luxuswagen, das Boot auf dem See – was sollte all das, wenn er es mit niemandem teilen konnte? Oft brach er in Weinkrämpfe aus, sah, wie er an Weihnachten mit seinen Eltern feierte. Sie hatten nicht viel, aber es war die Liebe und die Wärme, das Gefühl, dass da noch etwas ist, was in seinem Herzen lebte. Und nun? Seine Eltern hatte er schon seit Monaten nicht mehr besucht. Er wollte nur feiern und Party machen mit seinen neuen reichen Freunden. Eines Tages hielt er es nicht mehr aus. Der Druck im Kopf und die Stiche im Herzen waren derart stark, dass er ihnen nicht mehr standhielt. Er setzte sich in seinen teuren Luxuswagen und fuhr los. Seltsame Gedanken kreisten in seinem Hirn. Vor ihm verschwamm die Wirklichkeit zu einem leblosen fahlen Gebilde. Die schönen Wälder, die grünen Wiesen, er sah sie nicht mehr. Er raste an all dem vorbei und sah nur noch ein Ziel: den Tod! Fort aus dieser tristen Welt, fort aus dieser faden Einsamkeit. Nur weg von all dem leblosen Kram! Er bog auf die Autobahn und raste, jenseits aller Geschwindigkeitsbegrenzungen ins Nirgendwo. Irgendwann wurde auf eine Baustelle hingewiesen. Tim ignorierte das Schild. Vielmehr sah er in dem Hinweis einen Weg, seinem Leben ein jähes Ende zu setzen. Es war eine große Baustelle – eine neue Brücke sollte über ein tiefes Tal gezogen werden. Der Verkehr wurde umgeleitet- die Fahrspuren, auf denen Tim unterwegs war, führten ins Leere. Tim durchbrach die Absperrungen und sah vor sich schon den gähnenden Abgrund. Er gab noch einmal ordentlich Gas und spürte, wie sich am Rande des Abhanges sein Fahrzeug von der sicheren Fahrbahn löste. Laut heulte der Motor auf und Tim starrte in das tiefe dunkle Tal hinein. Jetzt schien alles vorbei, nichts war mehr zu ändern. Und alles, was vordem noch abänderlich war, glich jetzt nur noch einer hohlen Seifenblase, die jeden Augenblick zerplatzen würde. Tim spürte, wie die Kälte des nahen Todes in ihm empor kroch. Sie nistete sich zuerst in seinen Füßen, dann in seinem Kopf und schließlich in seinem Herzen ein. Da tauchten plötzlich seltsame Bilder vor ihm auf. Erinnerungen aus der Kinderzeit zerflossen in einer einzigen Erscheinung. Nein, das war kein Tal. Das war auch nicht der Tod, es war seine Mutter. Sie lächelte nur und hatte Tränen in den Augen. Sie schwebte in einer gleißend hellen Wolke aus Licht über dem drohenden Tal und weinte leis. Und Tim schien es, als sei plötzlich die Zeit stehen geblieben. Zwar schwebte er noch immer zwischen Himmel und Hölle. Doch er bewegte sich nicht einen Millimeter mehr nach unten. Er konnte sich auch nicht mehr rühren, klebte auf seinem Ledersitz und starrte hinüber zu der wundersamen Engels- Erscheinung. „Ja", sprach plötzlich die Mutter zu ihm, „ich bin es, Deine Mutter. Die Frau, die Dich vor vierzig Jahren zur Welt gebracht hat. Die Frau, die immer an Dich gedacht hat und Dich niemals im Stich gelassen hat. Die Frau, die Dich immer geliebt hat." Tim glaubte zuerst, er sei im Himmel angekommen. Vielleicht war er schon lange tot und alles, was er nun erlebte, war gar nicht mehr reell. Doch die Erscheinung sprach weiter zu ihm: „Du kannst es glauben oder auch nicht. Und Du bist auch nicht im Himmel, so einfach geht das nicht. Es ist Dein Leben, welches Du einfach so wegwirfst. Aber wenn Du jetzt gehst, dann war auch mein Leben umsonst. Das kannst Du nicht wollen. Ich weiß es, dass Du das nicht willst." Tim spürte, wie sich die anfängliche Starre in eine nicht aushaltbare Hitze verwandelte. Er begann zu zittern und die Luft wurde ihm knapp. Doch die Erscheinung blieb, sie sprach: „Nur dieses eine Mal ist es mir erlaubt, Dir noch zu helfen. Doch vergesse niemals, dass es wichtig ist, dass Du am Leben bist. Es ist eine Verantwortung, die Du trägst. Eine große Verantwortung. Es ist die Hoffnung, die tief in Dir ist, die Du nicht zerstören kannst." Was waren das für Worte? Plötzlich wurde Tim alles klar! Ihm wurde alles bewusst! Es lag einzig und allein an ihm selbst, wie sein Leben auszusehen hat! Doch wovon hatte Mutter da noch gesprochen: Nur dieses eine Mal sei es ihr erlaubt – erlaubt – von wem? Instinktiv rappelte er sich auf und wollte sie danach fragen, doch die Erscheinung war verschwunden. Und statt des gähnend schwarzen Abgrundes sah er einen weißen Lichtstrahl, der aus dem Himmel zu kommen schien, unter sein Fahrzeug gleiten. Dann schwanden ihm die Sinne. Ein unaufhörliches Vogelgezwitscher ließ Tim aus seiner Ohnmacht erwachen. Langsam versuchte er, die Augen zu öffnen, blinzelte zunächst noch ungläubig in das Sonnenlicht hinein. Mehr und mehr kam er zu sich. Die Erinnerungen kehrten zurück: die Autobahn, die Baustelle, das Tal, seine Mutter! War das real? Oder war er doch schon tot? Er riss seine Augen weit auf und schaute sich um. Noch immer saß er in seinem Fahrzeug. Doch das stand mitten auf einer grünen Wiese. Überall wiegten sich Blumen im lauen Wind und auf einem kleinen Bäumchen hockten unzählige Vögelchen, die fröhliche Lieder zwitscherten. Er spürte, wie ihm alle Knochen schmerzten. Dennoch versuchte er, auszusteigen. Als er endlich auf der Wiese stand, schaute er zurück. Weit hinter sich sah er die Autobahn und da war sie, die Brücke, das Tal, die Baustelle. Er musste über das Tal hinweg geflogen sein. Aber wie war das nur möglich? Hatte seine Mutter etwa … unmöglich! Das war doch nur ein Traum! Oder? Doch nicht? Er setzte sich in die saftig grünen Halme der Wiese und schaute zum Himmel empor. Wie anders doch jetzt alles aussah. Wie schön doch diese Welt ist! Nein, wie konnte er nur einen Augenblick an all dem zweifeln? Gab es nicht nur diesen einen Sinn – den Sinn, einfach zu leben? Und plötzlich wusste er es genau! Er wollte weiterleben, er musste weiterleben! Allein schon seiner Mutter zuliebe. Doch hauptsächlich seiner Zukunft wegen. Seine Mutter hatte ihn auf diese Welt gebracht. Nun lag es an ihm, diese Welt so zu gestalten, dass er in ihr leben konnte. Dabei konnte ihm niemand helfen. Aber wollte er denn, dass ihm jemand dabei hilft? Ihm wurde plötzlich klar, dass nur er allein dieses Leben meistern kann. Tief in ihm drin liegt die Kraft, die er dazu braucht. Er hatte sie von seiner Mutter mit auf den Weg bekommen. Und diese Kraft ist unerschütterlich. Wie konnte er diese Kraft jemals vergessen? Sie war doch immer da. Sie war doch immer in seinem Herzen. Er stand auf und setzte sich zurück in den Wagen. Mit angemessener Geschwindigkeit fuhr er nach Hause zurück.

Er hatte es nicht mehr eilig. Und er war froh, dass ihm noch rechtzeitig klar wurde, was Leben eigentlich heißt, was es bedeutet, was es wirklich ist. Stück für Stück verkaufte er allen Luxus und trennte sich endgültig von seinen falschen Freunden. In einer großen Stadt lebte er in einer kleinen Wohnung, so wie damals, als er noch kein Geld hatte. Sein Luxusauto verkaufte er ebenfalls. Den gesamten Erlös stiftete er einer Gesellschaft für notleidende Kinder. Und er fand Freunde, viele ehrliche Freunde. Er begann zu schreiben und sein erstes Buch wurde ein Bestseller. Aber das Geld brauchte er nicht mehr, um wirklich glücklich zu sein. Er wollte nur einfach leben. Und manchmal, wenn er auf der Wiese nahe der Brücke saß, in welcher er sich beinahe selbst verloren hätte, sah er seine Mutter. Sie schwebte wie ein Engel vor ihm und sang leise: „Es gibt immer eine Hoffnung, mein Junge."

Die kleine Petroleumlampe

Es war kein leichtes Leben, da draußen auf der Straße. Jeder Tag glich einem harten Überlebenskampf. Denny lebte schon seit etlichen Jahren auf der Straße. Er war obdachlos und hatte keinen Job. Zwar hatte er vor vielen Jahren mal etwas gelernt. Damals, als er noch seine Eltern hatte und die ihn ein bisschen unterstützen konnten. Doch das war lange her und seine Eltern waren längst tot. Die alte Decke und die Sachen, welche er auf dem Leib trug, waren die einzigen Dinge, die ihm noch geblieben waren. Dabei hatte er einst so viele Träume, so viele Hoffnungen auf ein besseres Leben. Und immer, wenn er die vielen fremden Menschen mit hoch erhobenen Nasen an ihm vorbeilaufen sah, wurde er sehr traurig. Sollte es wirklich so weitergehen. Manchmal ging er auf den Friedhof der Stadt, um seinen Eltern ein paar Blumen, die er sich von erbetteltem Geld kaufte, zu bringen. Dann saß er lange auf der Bank neben dem Grab und weinte bitterlich. Draußen auf der Straße war keine Zeit zum Jammern und zum Traurig sein. Dort herrschten harte Gesetze. Denn wer sich da nicht durchboxte, hielt nicht durch. Viele hatte er gesehen, die irgendwo am Straßenrand lagen, zusammengeschlagen, verendet wie Vieh und vergessen von der Wohlstandgesellschaft. Und er hatte sich stets geschworen, dass ihm das niemals passieren durfte. Das war er seinen lieben Eltern und letztlich auch sich selbst schuldig. Doch der Winter nahte und es schien, als würde er diesmal besonders kalt werden. Er wollte jedoch nicht in eine dieser furchtbaren Notunterkünfte, wo er noch deutlicher zu spüren bekam, dass er nur der allerletzte Dreck war. Außerdem grassierten dort die Diebstähle und er konnte es sich in diesen

Zeiten einfach nicht erlauben, auch noch seine Decke und seine warme Jacke zu verlieren. So trieb er sich zwischen den Containern am Hafen herum. Dort war es nicht so zugig, und er konnte ständig sein Domizil wechseln, um nicht entdeckt zu werden. Es ging auf Weihnachten zu und überall in den breiten Straßen von Chicago ertönten die wunderschönsten Weihnachtslieder. In den Vorgärten der besser gestellten Leute standen leuchtende glitzernde Weihnachtsbäume mit duftenden Kerzen daran. In diesen Tagen warfen die Leute sehr viel Brauchbares weg. Sie wollten sich wohl von alten Dingen entledigen, um frischen Wind fürs neue Jahr in ihr Leben zu bringen. Davon profitiere Denny schon seit Jahren. Manchmal entdeckte er unter all dem Müll noch einen tragbaren Pullover oder eine halbwegs intakte Hose. Manchmal sogar noch etwas zu essen, um über die kalten Zeiten zu kommen. Neulich fand er sogar einen alten Rucksack und konnte so seine Decke und seine Kleidung, die er gerade nicht anzog, dort hineinpacken. Das half ihm sehr, denn so war er schneller unterwegs und hatte alles unter Kontrolle. Nur abends zwischen den Containern, da wurde es schon mächtig kalt und besonders dunkel. Gerade in den letzten Nächten fürchtete er sich so sehr. Er wusste gar nicht, warum, denn so eine ängstliche Natur war er früher nicht. Er glaubte stets, dass irgendjemand hinter ihm her war, der ihm ans Zeug wollte. Deswegen wünschte er sich eine Lampe. Aber keine, die mit Strom funktionierte, sondern eine, die er mit Zündhölzern betreiben konnte. So etwas wie eine Petroleumlampe. Er erinnerte sich daran, wie seine Mutter damals eine solche Lampe besaß. Sie stand immer auf der Heizung und manchmal zündete sie diese Lampe an. Dann war es so wohlig warm und gemütlich. Und wenn es dann noch einen heißen Eintopf gab, schienen die Sorgen vergessen. Und so durchwühlte er eine Mülltonne nach der anderen. Aber mehr als ein Dutzend Feuerzeuge und ein paar alte Kerzen fand er nicht. Doch er gab sich auch damit zufrieden. Immerhin war es nun ein bisschen heller in der Nacht und er konnte sich am Licht der Kerzen seine Hände wärmen. Als er eines Nachts todmüde auf seiner alten Decke zwischen den Containern am Hafen lag, bemerkte er ein seltsames Geräusch. Er hatte schon seit Tagen ein ungutes Gefühl und nun war es wohl soweit. Irgendjemand wollte ihn überfallen! Schnell löschte er das Kerzenlicht und stand auf. Sollte er vielleicht auch seine Decke einpacken und schnellstens von hier verschwinden? Noch zögerte er, vielleicht war's ja doch nur ein herumstreunender Hund oder der Wind, der sich gespenstisch zwischen den metallenen Containern verfing und dabei solch merkwürdige Geräusche erzeugte? Vorsichtshalber entschied er sich für die Variante mit dem Verschwinden. Er rollte seine Decke zusammen und verstaute sie im Rucksack. Dann wollte er sich schleunigst aus dem Staube machen. Als er zwischen den Containern hervorkam, stand plötzlich jemand vor ihm. Er erschrak sich natürlich sehr, doch es war nur ein alter Mann, der da vor ihm stand und ihn musterte. Sekunden standen sich die beiden regungslos gegenüber. Denny war erleichtert, dass es nur dieser alte Mann war und nicht irgendein besoffener Kerl, der ihn zusammenschlagen wollte. Der alte Mann begann zu sprechen: „Fürchte Dich nicht. Ich will nichts von Dir. Ich weiß, dass es Dir schlecht geht. Und ich weiß, dass Du ein ehrlicher Mensch bist." Verständnislos starrte Denny den Alten an, konnte nicht so recht begreifen, was der da gerade zu ihm sagte. War das etwa auch wieder so ein Spinner, der nur Mitleid mit ihm hatte und ihm am Ende sein aufrichtiges Bedauern mitteilte? Darauf wollte er auf jeden Fall verzichten. „Lass mich in Ruhe", rief er laut und wollte seiner Wege ziehen. Doch der alte Mann rief ihm nach: „Du brauchst wirklich keine Angst vor mir zu haben. Ich will Dich nicht bequatschen. Ich wollte Dich nur fragen, ob Du mich vielleicht auf Deiner Decke übernachten lassen kannst. Ich weiß, dass Du Kerzen hast und dass es zwischen den Containern sicher ist. Also, hab ein Herz und schick mich nicht fort." Denny blieb stehen und schaute sich noch einmal nach dem Alten um. Sollte er am Ende wirklich einer von denen sein, die es ehrlich meinten und ihn am Ende dann doch nicht bestahlen? Sollte es so etwas noch geben? Ehrlichkeit? Misstrauisch ging er ein paar Schritte auf den Alten zu und sagte dann: „Wenn Du mich nicht beklaust, dann können wir´s so machen! Aber wehe, wenn Du mir was wegnimmst!" Der

Alte war froh und Denny zeigte sich einverstanden. Zusammen gingen sie zu den Containern zurück und Denny breitete seine Decke aus. Dann zündete er eine Kerze an und holte einen Kanten Brot aus seinem Rucksack. „Das habe ich heute Abend noch gefunden, sieht noch ganz gut aus", sagte er und der Alte freute sich, nun auch noch etwas zu essen zu bekommen.
„Weißt Du", sagte er dann, „ich habe seit Tagen nichts gegessen und getrunken. Jetzt habe ich das erste Man wieder was zwischen den Zähnen. Ich habe schon gedacht, ich müsste sterben. Verhungern ist ja auch nicht so ein schöner Tod." Denny riss ein großes Stück von dem Brotkanten ab und drückte es dem Alten in die Hand. Der machte sich gleich gierig darüber her und als Denny noch eine Wasserflasche aus dem Rucksack zog, war die Freude riesengroß. Als sich die beiden ein wenig gestärkt hatten, wurde es ihn auch

gleich wärmer und im schwachen Licht der Kerze erzählten sie sich noch von so manchen Erlebnissen aus der Vergangenheit. Irgendwann waren sie so müde, dass Denny die Kerze löschte und sie schließlich einschliefen. Am nächsten Morgen wurde Denny schon sehr früh wach. War es sein immer noch vorhandenes Misstrauen dem Alten gegenüber oder die plötzliche Kälte, die sich zwischen den Container ausbreitete. Er rieb sich seine Augen und gähnte laut. Als er sich umschaute, war der Alte nicht mehr da. Schleunigst untersuchte Denny seinen Rucksack, doch es war alles noch vorhanden. Auch seine Decke und selbst die heruntergebrannte Kerze waren noch da. Doch noch etwas anderes fiel Denny auf. Auf der Decke stand irgendetwas. Denny konnte es nicht glauben, es war eine kleine Petroleumlampe. Wo kam die nur her? Der Alte hatte doch selbst nichts. Aber

wer sollte sonst diese kleine Lampe dorthin gestellt haben? Und woher wollte der Alte wissen, dass er so gerne eine solche Lampe haben wollte? Er nahm die Lampe in seine Hand und augenblicklich wurde es warm in seinem Herzen, sehr warm. Es war ein Gefühl, welches er seit Jahren nicht mehr kannte. Dieses merkwürdige Gefühl zog von seinem Herzen durch seinen ganzen Leib bis in seine Seele hinein. Und mit einem Male fühlte er sich stark, so stark wie ein Tiger. In diesem Moment hätte er alles tun können. Immer und immer wieder hielt er diese kleine Lampe dicht vor seine Augen und betrachtete sie. Wie konnte diese wundervolle Lampe nur so viel Wärme und so viel Kraft verbreiten? Als er unter den Schirm der Lampe schaute, um den Docht zum Anzünden zu suchen, glaubte er, der Schlag würde ihn treffen. Im Inneren der Lampe befanden sich ein dickes Bündel Banknoten und ein kleiner zusammen gerollter Brief. Mit zittrigen Händen nahm er das Geld und zählte es. Es waren genau fünfzigtausend Dollar! Dann rollte er den Brief auseinander und las: „Für meinen lieben Sohn Denny. Dieses Geld habe ich heimlich für Dich gespart. Du sollst es einmal besser haben als ich. Wenn Du mal in Not bist, soll es Dir helfen und denke immer daran- ich bin immer bei Dir, wo Du auch sein wirst. Deine Dich liebende Mutter." Denny musste sich erst einmal setzen und ließ sich zwischen den Containern auf den eiskalten Boden plumpsen. Dicke Tränen liefen ihm übers Gesicht und sein Herz pochte in seiner Brust wie ein Hammerwerk. Es gab keinen Zweifel, denn das da vor ihm war ein Brief von seiner Mutter. Er erkannte die Schrift und er spürte es in seinem Herzen. All die vielen Jahre hatte sie das Geld für ihn zurückgelegt. Und jetzt, wo er es brauchte, kam es zu ihm. Aber wie? Sollte tatsächlich der Alte dieses Geld hierhergebracht haben? Aber wie kam er zu dem Geld? Kannte er etwa seine Mutter? Oder hatte sie ihm dieses Geld nur anvertraut? Denny atmete tief durch und stand auf. In einer Hand hielt er die kleine Lampe und in der anderen Hand hielt er seinen alten Rucksack. Und in seinem Herzen trug er sein neues Leben, welches er sogleich beginnen wollte. Und als es Heiliger Abend war, lag er in seiner neuen Wohnung und schaute auf das Schneetreiben, welches vor dem Hause tobte. Die Lichter an seinem kleinen Weihnachtsbaum verbreiteten ein wohlig warmes Licht und er brauchte keinen großen Baum so wie die vielen anderen, die ihre Häuser in einen weihnachtlichen Zauber verwandelten. Er war bescheiden und dankbar und er betete zum Himmel hinauf. Dann nahm er seine kleine Lampe von der Heizung und drückte sie fest an sein Herz.

Denn damals zwischen den Containern hatte er sie sofort erkannt – es war die alte Petroleumlampe seiner Mutter, die sie immer auf der Heizung stehen hatte ...

Eine Frau

Wiedermal den Weg zum Amte
Stolpert sie so gegen 6
Noch ist sie die *Unbekannte*
Stolpert schnell den Weg zum Amte
Das liegt vor ihr links
Dann rechts

Brötchen, Kaffee, diesen lauen
Ein Gespräch kurz auf dem Gang
In die Unterlagen schauen
Wie viel werden sich heut trauen?
Und die Zeit scheint ewig lang

Auf dem Stuhl, dem harten, kalten
Nimmt sie Platz, schaut hin- und her
Menschen muss sie hier verwalten
Jenen Tag mit Sinn gestalten
Und manch Schicksal wiegt so schwer

Schon kommt rein der erste Kunde
Der sucht Arbeit
Oder nicht?
Ziellos starrt er in die Runde
In der Seel klafft ihm ´ne Wunde
Angst sitzt tief ihm im Gesicht

Wut und Hoffnung muss sie kennen
Manchmal Härte auch
Und Mut
Nein, es bleibt kaum Zeit zum Flennen
Manchmal nachts ist Zeit zum Pennen
Oftmals glüht noch
Arbeitswut

Ja, sie weiß, man liebt sie selten
An dem Ort, wo gar nichts gleich
Jenes Amt der tausend Welten
Wo manch' Regeln kaum noch gelten
Hier wird niemand wirklich reich

Wenn die Kunden dann gegangen
Ordnet sie den Aktenberg
Hier, wo manches unverstanden
Wo sich niemals Menschen fanden
Schaut sie plötzlich recht verklärt

Packt die Tasche und hält inne
Ob sich das mal ändern wird?
An der Decke eine Spinne
Leis tropft Regen aus der Rinne
Alles scheint total verkehrt

Sollt sie wirklich einsam bleiben?
Haus und Auto? All dies Zeug?
Kommen auch mal bessre Zeiten?
Ohne Klar- und Ebenheiten?
Ohne künstlich-glatter Freud?

Doch dann wischt sie sich die Augen
Aus der Haut kommt sie nicht raus
Dieser Traum vom Meer, dem blauen
Schon versunken, kaum zu glauben
Und sie trinkt den Kaffee aus

Stumm nimmt sie vom Eisenhaken
Ihren Mantel, ihren Schal
Zwischen Mondlicht, Mücken, Schnaken
Wird sie durch den Regen waten
Morgen früh und wiedermal

Der Autist

Er war noch jung, ein Junge noch
Und doch so fremd von dieser Welt
Er schien recht glücklich, immer noch
Und lebte nicht im dunklen Loch
Und war so sanft – verstand, was zählt

Oft sagte man: *„Der ist verrückt!*
Der tickt nicht richtig irgendwo!"
Manchmal schien er der Welt entrückt
Man sagte: *„Ach, der ist verrückt!*
Der merkt doch nichts, wird niemals froh!"

Doch seine Mutter liebte ihn
Auch, wenn er anders war und schwieg
Für sie war er der Lebenssinn!
Vielleicht sogar der Hauptgewinn?
Er hatte alle Menschen lieb

Denn wenn er lachte, fröhlich war,
dann schien die Welt, das Glück perfekt
Dann schien fast alles sonnenklar
Und nichts blieb mehr so wie's sonst war!
Er war doch klug und aufgeweckt!

Jedoch verging die Zeit, die Zeit
Er hat gespürt, man wollt ihn nicht
Er wusste um der Mutter Leid
Da lief er fort, so weit, so weit
Ein sanftes Lächeln im Gesicht

Der Mutter hat er nichts gesagt
Er lief und lief bis an das Meer
Nie hatte er geflucht, geklagt
Und auch der Mutter nichts gesagt
Das Meeresrauschen wog so schwer

Noch einmal schaute er sich um
Da war niemand am kahlen Strand
Er war ein Junge noch, so jung
Vielleicht verrückt, doch niemals dumm,
als er vor Gott so einsam stand

Ganz plötzlich rief jemand nach ihm
Dort draußen auf dem weiten Meer
Wer war das nur? Wo lag der Sinn?
Er lief ins Wasser einfach hin
Man sah ihn später nimmermehr

„Komm heim, komm heim, du liebes Kind
Bei mir hier bist Du nie allein
Dort, wo die Kinder Engel sind,
wach ich bei Dir, mein liebes Kind
Komm lass und jetzt zusammen sein."

Die Welt dort draußen war zu kalt
Er wollte nicht mehr draußen sein
Die Tür, die offen einen Spalt,
war plötzlich einfach zugeknallt
In seiner Welt blieb er allein

Er war so jung, ein Junge noch
Nur seine Spur blieb da im Sand
Und leise summt am Strand der Wind
Die Mutter weinte um ihr Kind
Denn es ergriff wohl Gottes Hand

Der Obdachlose

Die Sonne strahlt und wärmt die Stadt
Dort ist es, wo man alles hat
Doch hinterm Park, im Brückenschacht
Ist meistens Armut
Meistens Nacht

Er zieht seit vielen Jahren um
Er war mal was
Er ist nicht dumm
Der Alkohol wärmt Sorgen fort
Und Ängste auch
Und manches Wort

Im Wohnungsamt lehnt man ihn ab
Ein Säufer, der so gar nichts hat
Man will ihn nicht
Man schickt ihn fort
Und wieder zieht er durch den Ort

Die Straße ward zur Heimat ihm
Sein Leben aber: *ohne Sinn*
Einst wollt' er mal so hoch hinaus
Am Ende blieb das Hinterhaus

Seit Tagen streikt die Leber sehr
Die Freundin weint
Es ist so schwer
Er bricht zusammen irgendwo
Er kann nicht mehr
Das ist wohl so

Von seinen Träumen blieb nicht viel
Kein Platz zum Leben
Und kein Ziel
Im Winter fror er sich bald tot
Es wärmte ihn nur Schnaps
Sein Brot

Gestorben ist er irgendwann
Im Krankenhaus
Als armer Mann
Er hat gehofft, geweint, gelacht
In seinem Heim
Im Brückenschacht

Die Sonne scheint auf diese Stadt
Scheint warm und ruhig auf sein Grab
So einsam ist's am Brückenschacht
Der Wind ist kalt
In jeder Nacht

Für Locke

Ein bisschen Leben

„*Was ist geschehen*", fragte sie
Man wusste nicht mal *wann und wie*
Das Kind lag tot im Garten dort
Der Tag war trüb
Ein schlimmer Ort

Die Mutter schwieg
Sie sagte nichts
Ein bisschen Leben – fern des Lichts
Es war doch eine schöne Zeit
Ihr Kind und sie
Ein Glück zu zweit

So viel erlebten sie
So viel
Ihr Kind Zuhause und beim Spiel
Sie schaut´ die Fotos lange an
Und weinte auch – *so dann und wann*

Erinnerungen sind so tief
Ein bisschen Leben
Nichts ging schief
Doch traf ihr Kind des Teufels Sohn
Und alle Hoffnung ward zum Hohn

Was ist das Leben?
Was der Sinn?
Warum das Leben?
Wo geht's hin?
Hat Leben irgendeinen Zweck?
Ist es am End´ vielleicht nur Dreck?

Sie schwieg!
Sie wusst die Antwort nicht!
Wohin sie ging?
Man weiß es nicht!
Ihr Kind, die Urne nahm sie mit
Vom Leben blieb ihr nicht ein Stück

So oft sucht man nach einem Ziel
Ist Leben ernst?
Ist´s doch nur Spiel?
Dies bisschen Leben scheint nicht lang
Wohl weint man oft
So dann
Und wann

Fahrstuhlstopp

Im Fahrstuhl zwischen Hoch und Runter
So zwischen zwei Terminen – *kurz*
Da warte ich, nicht froh und munter
Im Lift, so zwischen Rauf und Runter
Und mancher Witz scheint weit und *schnurz*

Auf einmal stockt der Lift, bleibt stehen
Im Nirgendwo
Ich weiß nicht wo
Wann wird das Ding wohl weitergehen
Ganz plötzlich fängt sich's an zu drehen
Mir wird's recht schwindelig und so

Ne alte Frau steht an der Tür und wartet
Sie schaut mich an mit starrem Blick
Ich hoff, dass dieser Lift bald startet
Und jene Frau, die seufzt und wartet
Wann endet dieses Missgeschick

Die Alte scheint das wohl zu spüren
Sie sagt: *„Ach Jungchen, du hast Zeit"*
Ich weiß, ich sollt' mich wohl nicht zieren
Was kann ich hier wohl schon verlieren
So manche Stunden ziehn sich weit

Wir reden über Das und Dieses
Ich lehn mich an die Fahrstuhltür
Wir sprechen über Gutes, Mieses
Im Leben gibt's so manches Fieses
Im Fahrstuhl zwischen Dort und Hier

Ich schau zur Uhr, muss plötzlich grinsen
Hier drin scheint nichts mehr wichtig, ach
So vieles ging mir in die Binsen
Oft schmeckten nicht mal Mittagslinsen
Und manchmal schien ich kaum noch wach

Die alte Frau nahm meine Hände
„Nehms nicht so schwer, das hilft dir nicht"
In jenem Lift, wo kühl die Wände
Hielt sie voll Güte meine Hände
Es flackerte das Fahrstuhllicht

Ja, da begriff ich, was sie meinte
Ich sollte viel mehr leben noch
Was mich mit dieser Frau vereinte
War der Gedanke
Und ich weinte
Wann ging's im Fahrstuhl runter, hoch?

Ein starker Ruck, dann ging es weiter
Recht schnell sprang auf die Fahrstuhltür
Ich sah den Tag, er war so heiter
Und irgendwie schien ich gescheiter
Seit jenem Fahrstuhlstopp all hier

Ich tauchte ein in Stadt und Leben
Oft fiel mir ein der Alten Wort
Von Herz und Seel konnt ich was sehen
Erinnerung an manches Schweben
Im Fahrstuhl zwischen
Hier und Dort

Schnee auf Usedom

Der Wind pfeift über Baum und Strande
Die Gräser wiegen her und hin
So einsam ist's hier auf dem Lande
Auf Usedom am Ufersande
Und Schnee treibt übers Meer dahin

Da sind so viele Traurigkeiten
So manche Träne rinnt dahin
Ich wollte fliehen in die *Weiten*
Auf Usedom lass ich mich treiben
Ach, irgendwie zerschellt mein Sinn

Such nach der Heimat, die mir fehlte
Da war so vieles schlimm und fremd
Und als ich mich tagtäglich quälte
Hab' ich vergessen, was noch zählte
Hab' ich gekämpft ums letzte Hemd

Doch fehlte mirs an Luft und Liebe
So ging ich fort
Kam bald hierher
Wohin es geht – wohin ich ziehe
Ist noch nicht klar
Jetzt in der Frühe
Ganz tief im Herzen ward es leer

Noch immer friert der Wind den Morgen
Noch immer schau ich übers Meer
Noch immer sind in mir die Sorgen
Schnee fällt auf Usedom
Im Norden
Und Wolken hängen tief
Und schwer

Ohne Worte

Sie steht nur da im Dämmerlicht
So große Worte macht sie nicht
Ihr Kind starb lang von fremder Hand
Und es herrscht Ruhe überm Land

Der Wind zerzaust ganz leis ihr Haar
Sie weiß genau, dass es *hier* war
Der Herbst nahm jenen Sommer mit
Und ihren Sohn
Ihr größtes Glück

Was ist das Leben jetzt noch wert?
War all das *Gestern* so verkehrt?
Sie kann nicht weinen, steht nur da
An jenem Ort
Wo´s neblig war

All die Erinnerung brennt tief
Ihr ist, als ob nach ihr man rief
Auf einem kleinen Segelboot
Winkt still ein Kind im Abendrot

Der Kahn ist fort
Fort auch der Sohn
Ihr ist so kalt und schwächlich schon
Ihr Herz, die Seele – alles tot
Längst fort mit jenem Leichenboot

Der Täter lebt – er sitzt im Knast
All die Gedanken – eine Last
Tagtäglich fragt sie sich: *Warum?*
Doch Grab und Himmel bleiben stumm!

Sie steht noch da im Dämmerlicht
Nein, große Worte macht sie nicht
Ihr Kind ist tot
Durch fremde Hand
Und es ist Ruhe überm Land

Der Trinker

Irgendwo in jener Stadt
Dort, wo keiner Namen hat
Lebte er wohl irgendwie
Reichtum hatte er noch nie
Lebte er so in den Tag

Eines Tages gegen 10
Blieben alle Uhren stehn
Ja, man warf ihn einfach raus
Job und Arbeit – *alles aus*
Plötzlich ward die Welt nicht schön

Einsam saß er nun im Dreck
Irgendwo im Straßeneck
Nur der Alkohol war da
In der kleinen Hafenbar
Soff er sich die Sorgen weg

Trank ab jetzt tagein tagaus
So sah jetzt sein Leben aus
Alles sollt im Kreis sich drehn
Er konnt selbst sich nicht verstehn
Alkohol – sein bester Schmaus

Und die Sucht hielt ihn ganz fest
Er versoff den letzten Rest
Immer öfter fiel er um
Aller Traum blieb tot und stumm
Weil die Sucht nichts leben lässt

Irgendwann im Krankenhaus
Kam er aus dem Suff mal raus
Für sechs Wochen trocken, clean
Für sechs Wochen wieder Sinn
Wieder Mensch und keine Maus

Ja, er schwor sich klipp und klar:
Nie mehr saufen, wie´s mal war!
Wieder Arbeit, Lebenssinn!
Doch der Wunsch schien schnell dahin
Und es nahte die Gefahr

Ach, er trank so viel, so viel
Ohne Halt und ohne Ziel
Bis sein Traum total zerbrach
Aus die Heimat, Haus und Dach
Und der Regen fiel und fiel

Irgendwann sah er ein Licht
Hörte, wie man zu ihm spricht:
Fürchte dich nicht, komm nur, komm
Ich bin hier und warte schon
Und er fürchtete sich nicht

Warf die Flasche weit von sich
Spürte Kraft im Angesicht
Lief und lief und war schon fort
Einsam blieb sein Heimat-Ort
Nein, die Sucht vergab ihm nicht

Irgendwo in jener Stadt
Dort, wo niemand Namen hat
Hat gelebt er irgendwann
Nein, er war kein reicher Mann
Und vom Baum fällt leis ein Blatt

Die Bank am Wald

Recht einsam steht die Bank am Wald
Sie ist verwittert und schon alt
Manch Brett brach durch
Man strich sie an
Ich sitz hier gern, auf ihr, sodann

Von hier aus schau ich auf die Stadt
Die unten liegt und Leben hat
Doch auch zum Himmel ist's nicht fern
Von hier aus seh ich gut die Stern'

Die Bank kennt auch mein Auf und Ab
Sie kennt mich, wenn ich stark und schlapp
Sie kennt auch meine Tränen gut
Sie gibt mir Kraft
Sie gibt mir Mut

Und wenn ich wieder gehen will
Dann lächelt sie so lieb und still
Dann sag ich leis:
„Mach's gut, bis bald"
Da ist's egal, ob warm, ob kalt

So einsam steht die Bank am Wald
Verwittert ist sie
Und schon alt
Ich bin hier gern
Ich bin hier froh
Auf meiner Bank
Im *Irgendwo*

Die Herde

Und die Herde, die zieht weiter
Starker Sturm verweht die Spur
Dieser Winter ist nicht heiter
Und die Herde zieht schon weiter
Schreie halln durch Wald und Flur

Manches Kälbchen friert, ist müde
Bleibt vielleicht schon bald zurück
Es ist kalt und es ist trübe
Doch die Herde wird nicht müde
Kämpft voran sich Stück um Stück

Wölfe harren da am Rande
Haben Hunger immerfort
Doch der Herde wird's nicht bange
Sieht die Wölfe da am Rande
Und zieht immer weiter fort

Doch der Sturm wird immer stärker
Schon bleibt manches Kalb zurück
Auch die Wölfe machen Ärger
Und der Schneesturm wird noch stärker
Bis zum See ist's noch ein Stück

Nein, die Wölfe wolln nicht jagen
Nehmen schwache Kälbchen sich
Es ist hart in diesen Tagen
Sehr viel Kraft fehlt da zum Jagen
Winterzeit ist fürchterlich

Doch die Herde zieht schon weiter
Nichts hält sie an einem Ort
Ausgemergelt ihre Leiber
Und die Tiere ziehen weiter
Und sind längst schon wieder fort

Durch den Sturm und durch die Lande
Führt ihr Weg von See zu See
Mancher Wolf wacht da am Rande
Tod, Verderben auch im Sande
Und manch Spur verwischt im Schnee

Phoenix

Traf Dich in der großen Stadt
Dort in Phoenix, irgendwo
Dort, wo keiner Namen hat
Irgendwo in dieser Stadt
Fragt' ich Dich ganz einfach so

Dein Gesicht, Dein blondes Haar
Und Dein Lachen, sonderbar
Alles war wies niemals war
Wie Dein Lachen unterm Haar
Wollte bleiben, völlig klar

Ach, wir tanzten durch den Tag
Durch die wundervolle Stadt
Dort, wo keiner Namen hat
Sangen wir durch diese Stadt
Und wir stellten keine Frag

Irgendwann der erste Kuss
Blondes Mädchen, irgendwo
Niemand dachte an den Schluss
Dort in Phoenix dieser Kuss
Und wir waren glücklich, froh

Da, im Radio, dieser Song
Deine Stimme war's, ein Traum
Phoenix, Du, nun komm doch schon
Oh mein Gott, was für ein Song
Und wir kannten uns doch kaum

Doch mein Herz schlug anderswo
Wollt nach Westen weiter ziehn
Ja, wir waren glücklich, froh
Blondes Mädchen irgendwo
Du warst unbeschreiblich schön

Eines Tags, da spürte ich
Dieses Fernweh nach Asphalt
Wusste doch, ich liebe Dich
Doch es schien absonderlich
Phoenix macht mich nicht mehr alt

Lächelnd nahm ich Deine Hand
Küste Deine Tränen fort
Als mein Pickup dann verschwand
Winktest Du mit schwerer Hand
Und bliebst stehn noch lang am Ort

Phoenix lag lang hinter mir
Musst' nach Westen weiter ziehn
Irgendwann, so gegen Vier
Schrieb 'ne SMS ich Dir
Willst Du denn nicht mit mir gehn

Doch du schwiegst, mein Phone blieb stumm
Und ich war schon weit, so weit
Dachte schon, Du nimmst mirs krumm
Diese Trennung, die so dumm
Lang vorbei schien unsere Zeit

Da, im Radio, dieser Song
Diese Stimme, das warst Du
Riefst nach mir, nun komm doch schon
Oh mein Gott, was für ein Song
Und vorbei war's mit der Ruh

Wendete den Wagen schnell
Fuhr zu Dir, mein Phoenix-Star
Jene Stund war hell, so hell
Fuhr zu Dir, nach Phoenix schnell
Plötzlich schien das Leben klar

Irgendwo am Straßenrand
Standst Du noch und winktest mir
Habe Dich sofort erkannt
Tränenschwer am Straßenrand
Jetzt bleib ich für immer Dir

Traf Dich in der großen Stadt
Dort in Phoenix, irgendwo
Wo das Glück 'nen Namen hat
Dort in dieser Riesenstadt
Wurden wir gemeinsam froh

Und der Westen blieb nicht fern
Nach Los Angeles wir zwei
Blondes Mädchen, Du mein Stern
Hollywood war nicht mehr fern
Phoenix machte uns so frei

Immer auf der langen Fahrt
Mal nach West und mal nach Süd
Unsre Herzen blieben stark
Wir zwei auf der großen Fahrt
Weil ich Dich für ewig lieb

Sie

Ich treff sie dort, wo alles leer
In jener Bronx, am Rand der Zeit
Das Lachen fällt ihr schwer, so schwer
Und machen Traum, den gibt's nicht mehr
So manche Hoffnung scheint so weit

Die Spritze in der rechten Hand
Den Stoff fest in der linken Faust
Ansonsten total abgebrannt
So lehnt sie weinend an der Wand
Ein Dealer um die Ecke saust

Ich frage sie, wie's sonst noch steht
Ist sie alleine oder nicht
Sie sagt, ihr Leben sei verdreht
Für Kind und Mann sei's längst zu spät
Nur manchmal Sex
Jenseits vom Licht

Für zwanzig Dollar irgendwo
Dann reicht's auch für den nächsten Schuss
Sie meint, ihr Leben sei halt so
Für wenig Geld ins Nirgendwo
So sollt es sein wohl bis zum Schluss

Der Regen wäscht die Stufen ab
Auf welche sie ganz plötzlich sinkt
Ich will ihr helfen
Sie winkt ab
Ein kalter Stein, einsames Grab
Hier, wo es nur nach Abfall stinkt

Sie schließt die Augen sanft und lieb
Wie manches Kind, das schlafen will
Was für ein Schicksal sie wohl trieb
An jenen Ort, wo's ewig trüb
Sie liegt nur da und schläft ganz still

Ich sitz bei ihr – der Mond scheint matt
Ich wein um sie
Doch sie ist fort
Man holt den Leichnam wortlos ab
Ob sie's im Himmel besser hat
Vielleicht ist's dort ein guter Ort

Es ist schon Nacht, so gegen 3
Ich fahre ins Hotel zurück
In jener Welt, wo alles frei
Hört niemand mehr den stummen Schrei
Den Drogentod, fernab vom Glück

Da spricht ein Pfarrer im TV
Und viele andre nicken brav
Man stellt die Armen dann zur Schau
Und spricht ansonsten klug und schlau
Und legt sich dann zum süßen Schlaf

Ich sah sie dort, wo alles schwer
In jener Bronx
Am Rand der Zeit
Die junge Frau gibt es nicht mehr
Sie starb ganz einsam, wortlos, leer
Es bleibt kaum Hoffnung
Nur noch Leid

Tony

Es war einmal und ist nicht mehr
Ja, er hieß Tony, oder so
Sein Leben war nie öd und schwer
Sein Tag recht gut und er schien froh

Zwar lebte er mit seinem Sohn
allein im Haus, ganz ohne Frau
Jedoch bekam er guten Lohn
War redlich immer und genau

Doch irgendwann, in dunkler Nacht,
da wollt er Spaß und nicht zu knapp
Er hat sich auf den Weg gemacht
Wollt endlich feiern, richtig satt

Sonst ging er nie in trübe Bars
Die Nacht stand ihm nicht im Gesicht
An irgendeinem Tage war´s,
da scheute er das Tageslicht

Die Bar „Zum allerletzten Spiel"
lag nah beim Kiez, im roten Licht
Er ging dorthin und trank sehr viel
Und fand das Ende plötzlich nicht

Die Damen küssten ihn ganz sanft
und wollten Sex – und wollten mehr
Er fühlte sich ganz unverkrampft
und sehnte sich was Schönes her

Den Frust, das Pech versoff er dort
Für ein paar Stunden selig sein
Dann trollte er sich einsam fort
Er wollte immer noch nicht heim

Doch ohne Geld ging's nicht sehr toll
Die Nacht verschluckte allen Lohn
Er war am End und ziemlich voll
Zu Hause schlief allein der Sohn

Wieso jetzt artig weiter ziehn
Warum nach Hause ohne Wort
Weshalb den Alltag, der nicht schön
Weswegen stets derselbe Ort

Da stand die Tankstelle vor ihm
Was wäre, wenn er einbricht dort
Nach Irgendwas stand ihm der Sinn
Er brauchte Abenteuersport

In einer Pfütze lag ein Colt
Ne echte Knarre, einfach so
In seinem Herz Millionen Volt
In seinem Hirn nur trocknes Stroh

Er nahm den Colt und stürmte los,
in jene Tankstelle hinein
Jetzt fühlte er sich endlich groß
Jetzt konnt er endlich mutig sein

Er schrie: „Das Geld raus, alles, los"
Hielt hoch den scharfen bösen Colt
Was tat er nur? Was tat er bloß?
Damit der Rubel wieder rollt?

Doch die Kassiererin war schnell
Sie schlug ihm mitten ins Gesicht
Ein Schuss ertönte, ziemlich grell
Und es erlosch das Deckenlicht

Als dann ein scharfer Lichtstrahl fiel,
lag die Kassiererin vor ihm
Die Polizei kam schnell ins Spiel
und leuchtete überall hin

Sie nahmen ihn mit aufs Revier
Er war nur starr und dachte nichts
In jener Nacht, so gegen 4,
schien er so jenseits allen Lichts

Man sperrte ihn in einen Raum
Der war so klein, so dunkel, kalt
Ein Menschenleben – aus der Traum
So mancher wird im Knast steinalt

„*Zwölf Jahre*" hieß das Urteil bald
Und dann ins Irrenhaus vielleicht
In jedem Knast ist's bitterkalt,
wo's Unheil durch die Gitter streicht

Den Sohn sah er sehr selten nur
Verkauft das Haus, verschenkt das Glück
Bis stehen blieb die Lebensuhr
Der Wahnsinn ihn zum Tode trieb

Es war einmal und ist nie mehr
Ja, er hieß Tony, oder so
Sein Tag, sein Leben schien kaum schwer
Nur jener Tag, an dem er floh

Mutter und Sohn

Du sagst zu mir: *„Ich habe Angst!*
Angst vor dem Leben und dem Tod!"
Dass Du so oft auch um mich bangst
Und das Du bist in großer Not

Die Welt da draußen ist so kalt
Das sagst Du mir und schaust so ernst
Du weißt nicht, ob Du wirst sehr alt
Und ob vom Glück Du Dich entfernst

So viele Menschen sind so starr
Sie gehen über Leichen auch
Du fühlst Dich oft schon wie ein Narr
Und spürst manch´ Schmerz in Kopf und Bauch

Ich schau Dich an und lächle leis
„Das Leben will gelebt wohl sein."
Das sag ich Dir, weil ich es weiß
Im Leben fließt nicht immer Wein

Und jeder Mensch hat Angst und Not
Das sag ich Dir und Du hörst zu
Doch bleibt die Ampel niemals rot
Nach jedem Chaos folgt auch Ruh

Du liegst bei mir und schweigst sehr lang
Ich weiß, dass Du´s verstanden hast
Ganz leise sag ich: *„Sei nicht bang.*
Du hast noch lange nichts verpasst."

Der Taxifahrer

Es hat geregnet, stundenlang
Er sah durchs Fenster auf die Straß´
Die Nacht verging minutenlang
Und er fuhr Taxi, stundenlang
Der Asphalt glänzte regennass

Manch Träume kamen in ihm hoch
Was wäre, wenn es anders wär
Wenn er mal käm aus diesem Loch
Die Hoffnung war da immer noch
Wär dann dies Leben nicht mehr schwer

Ganz einfach weg sein, irgendwo
Und fliehen aus dem Alltagstrott
Dorthin, wo alle Menschen froh
Ganz neu beginnen, einfach so
Sein Taxi war doch eh nur Schrott

Die Frau, die Kinder – *Spießigkeit*
Und irgendwann ein kleines Haus
Und irgendwann Verdrießlichkeit
Und sterben an der Müßigkeit
Das hält doch keiner ewig aus

Ganz leise schlich er sich davon
Hinaus, wo kühl der Regen fiel
Die Nacht empfing ihn ohne Hohn
Er sah zum Haus, zu Frau und Sohn
Die ahnten nichts von seinem Ziel

Und er fuhr los, ins ferne Nichts
Der Regen wusch die Straßen frei
Er schien so fern des hellen Lichts
Die Nacht schluckt alles oder nichts
Und mancher Traum bricht da entzwei

Er war gefahren stundenlang
Längst lag die Stadt schwarz hinter ihm
Die Zeit verging wohl ewig lang
Und seine Seel' geriet in Brand
Er wollt nur fort – irgendwohin

Am Flugplatz hielt er endlich an
Sollt er jetzt fliegen ganz weit weg
Er war gefahren stundenlang
Und mancher Traum hält ewig an
Wirft man so schnell sein Leben weg

Er nahm sein Geld und zählte es
Es würde reichen, einmal hin
Da blieb nichts übrig, nicht ein Rest
Was, wenn man alles jetzt verlässt
Sein Herz schlug schnell tief in ihm drin

Und er stieg aus, lief schnell davon
Blieb stehen, blickte kurz zurück
Sein Taxi, seine Frau, sein Sohn
Er war zu weit entfernt wohl schon
Lag vor ihm nun der Traum, sein Glück

Da sank er nieder und er schrie
Jedoch ansonsten blieb es still
Was sollt nur werden, was und wie
Er war gesunken auf die Knie
Und längst verblasst sein großes Ziel

Die Hände schmutzig, auch die Knie
Ganz langsam stand er wieder auf
Warum jetzt hoffen, was und wie
Es wird schon gehen, irgendwie
Der große Traum
Er pfiff darauf

Er setzte sich ins Auto schnell
und fuhr zurück in seine Stadt
Der Horizont ward langsam hell
Von irgendwo drang Hundgebell
Dort, wo er sein Zuhause hat

Und eh der Morgen da begann,
saß er daheim am Frühstückstisch
Die Frau starrt' ihn sehr lange an
„Hast Du geträumt, mein lieber Mann"
Er hat die Tränen schnell verwischt

Und nahm den Sohn in seinen Arm
Die Zeit verging ein kleines Stück
In seinem Herz war's wohlig warm
Mit Frau und Sohn in seinem Arm
fand er zurück zu seinem Glück

An manchem Tag, in mancher Nacht,
da fuhr er Taxi, auch mit Spaß
Er hat sich nicht davongemacht
Und mancher Traum verging ganz sacht
Und mancher Asphalt glänzte nass

Am Straßenrand

Ein dunkles Kreuz am Straßenrand
Ich fahr vorbei, es regnet leicht
Die Dämmerung zieht übers Land
Ein mahnend´ Kreuz am Straßenrand
Der Weg ist schmal, und ziemlich seicht

Ich halte an und steige aus
Kein Mensch, kein Auto fährt vorbei
Vorm Kreuze wacht ´ne Stofftiermaus
Ansonsten sieht´s recht einsam aus
Ein Wind weht welkes Laub herbei

Ich lese jene Worte dort
Man ritzte sie ins Holze ein
Was für ein schicksalhafter Ort
Der Regen wischt manch´ Träne fort
Wer mochte wohl der Junge sein?

Er war so achtzehn Jahre jung,
und hatte sicher manchen Traum
In jener Kurve mit viel Schwung
blieb er nur achtzehn Jahre jung
Blieb er zurück am Straßensaum

Ich streiche übers Kreuz ganz sacht
Es ist vom Regen nass und rau
Die Uhr zeigt abends gegen acht
Sehr lange hab ich nachgedacht
Aus seinem Tod werd ich nicht schlau

Als ich zurück zum Auto geh,
glaub ich, es winkt mir jemand zu
Noch einmal ich zum Kreuze seh
Und wieder tut's im Herzen weh
Und überall ist's trüb, ist Ruh

Ein kleines Kreuz am Straßenrand
Ich fahr davon, es regnet stark
Ich hab den Jungen nicht gekannt
Nur blieb sein Kreuz am Straßenrand
Ich hatte eine gute Fahrt

Zeit der Störche

Es war die Zeit der Störche, ach
Sie kehrten heim ins schöne Land
Zu jenem Haus mit rotem Dach,
am dichten Wald, am schmalen Bach
Ein Wind verwehte leis den Sand

Dort lebte sie mit ihrem Sohn
Mit sehr viel Hoffnung, und auch Kraft
Ein Kinderlachen reichte schon
Ihr Kind, für sie der beste Lohn
Ja, auch im Job hat sie geschafft

Die Trennung lag schon lang zurück
Ihr Ehemann zog fort, weit fort
Sie suchte nach dem großen Glück
Wohl kehrt manch´ Traum nie mehr zurück
an diesen einsam schönen Ort

Doch eines Tags in süßer Nacht
da dachte sie sehr lange nach
Sie wollte, dass die Sonne lacht
Nicht immer stark sein, auch mal schwach
Sie lag bis Mitternachte wach

Und zog die schönste Robe an
Fuhr in die Stadt zum Tanz im Schloss
Vielleicht gab´s irgendwo ein Mann,
der einsam auch wie sie sodann
Der lebte nicht auf hohem Ross

Im Walzer drehte sie sich wild
Der Schampus schmeckte wirklich gut
Und Abendduft lag rosig mild
auf ihrer Seele, ungekühlt
Ihr Herze schwamm in heißer Glut

Ein netter Herr im schwarzen Zwirn
hofierte sie, umwarb sie lieb
Der Sekt benebelte ihr Hirn
Der Fremde schien sie zu verwirrn
Ein heißer Kuss zur Soulmusik

In diesem Augenblick entschwand
die Einsamkeit, die Traurigkeit
Sie spürte seine starke Hand
Sie wär mit ihm davon gerannt
Sie spürte, endlich ist's soweit

Der Fremde buchte einen Flug
für sich und sie, die neue Zeit
Nur fort, weit fort mit neuem Mut
Nie wieder Traurigkeit und Wut
Und endlich leben, so befreit

Doch da ertönt ihr Telefon,
durchbrach die Seligkeit, manch' Kuss
Ein schwerer Unfall mit dem Sohn
Sie rasten durch ein Feld von Mohn
Mit Flug und Küssen schien nun Schluss

Er fuhr sie bis zum Krankenhaus
Wie schnell zerbrach doch aller Traum
Wie sah's mit ihrem Sohne aus
Wieso nur jetzt solch Angst, solch Graus
Verzeihen konnte sie sich's kaum

Als sie den Kleinen liegen sah,
in seinem Bettchen, schwach und krank,
da wusste sie, was wichtig war
Ganz plötzlich wurde es ihr klar
Sie liebte Sohn und Haus und Land

Nie wollte sie woandershin
Es lief doch gut, so, wie es lief
Ihr Sohn, der echte Lebenssinn
Es war doch richtig und auch schön
Ganz leis sie seinen Namen rief

Der Fremde lächelte sie an
und ging von ihr, zurück zur Nacht
Er war ein wirklich lieber Mann
Sie schaute ihm lang nach sodann
Und hat doch nicht mehr nachgedacht

130

Der Wind am offnen Fenster sang
ein Lied von Trauer und von Glück
Sie hielt ganz fest vom Sohn die Hand
Und blieb im Haus, im Storchenland
Und hörte manchmal Soulmusik

Es war die Zeit der Störche, ach
Sie zogen fort ins ferne Land
Es blieb ein Haus mit rotem Dach,
am dichten Wald, am schmalen Bach
Ein Wind verwehte leis den Sand

Späte Heimkehr

Es steht ein Haus am Waldesrande
Und es fällt Schnee so weiß und sacht
Gar friedlich liegt dies deutsche Lande
Gar friedlich ist der Tag, die Nacht

Ihr Name ist Frau Martha Krause
Ihr Mann, der Kurt, zog in den Krieg
Nie kam er von der Front nach Hause
Und Martha hofft lang auf den Sieg

So viele Jahre sind vergangen
Der Krieg, das Sterben – alles aus
Sie hat mit Kurt sich gut verstanden
Vor vielen Jahren hier im Haus

Sie steht am Fenster, schaut zum Walde
Ob Kurt den Weg zum Haus noch find'
Er wird wohl kommen, ziemlich balde
Und in den Bäumen spielt der Wind

Der Schnee türmt auf sich um das Häuschen
Und Martha wird es ziemlich flau
Vorm Ofen piepst ein kleines Mäuschen
Und draußen ward es kalt und grau

Da stapft durchs wüste Schneegestöber
Ein junger Mann bis vor das Haus
In Uniform und Stiefelleder
Schaut er wie ein Soldat wohl aus

Er starrt zum Fenster und zu Martha
Die schiebt leis die Gardine fort
Sie hat wohl Tränen unterm Haar da
Und beide sprechen nicht ein Wort

Sie nimmt die Feldpostbriefe an sich
Die von der Front ihr Kurt einst schrieb
Und fühlt sich leicht und gar nicht grantig
Und hat den Kurt noch immer lieb

Sie geht hinaus zu jenem Manne
Der küsst sie sacht auf ihre Stirn
Der Schneesturm tobt durchs deutsche Lande
Und kann doch gar nichts mehr zerstörn

Die beiden stapfen bis zum Walde
Schnee hüllt sie wie ein Schleier ein
Kurt war gekommen, ziemlich balde
Und beide wollen endlich heim

Es wacht ein Haus am Waldesrande
Und es fällt Schnee so weich und sacht
Und friedlich ist's im deutschen Lande
Und Martha hat sich aufgemacht

Am Ziel

Durch die Nacht und durch den Regen
Gehst du deinen langen Weg
Dort, wo dunkle Mächte schweben
Wolltest du fast nicht mehr leben
Tränennass ein jeder Steg

Immerfort manch' Nachtmahr drohen
Ängste vor der tristen Welt
Wo Gefühle längst erfroren
Wo du glaubtest dich verloren
Hoffst du doch auf das, was hält

Und du gehst die Straße weiter
Einsam ist sie
Ohne Ziel
Fürchte nicht manch dunkle Reiter
Die dich töten wollen, leider
Vorwärtsgehen ist kein Spiel

Nur die Träume sind geblieben
Aus der fernen Kinderzeit
Hast sie alle aufgeschrieben
In die Seel hineingetrieben
Ja, du spürst: bald ist's soweit

Lange warst du auf der Reise
Quer durch dich
Durch Herz und Sinn
Plötzlich hörst du jene Weise
Jenes Lied, es singt so leise
Zieht durch alle Hoffnung hin

Da ward alle Nacht zu Ende
Vor dir schäumt das wilde Meer
Ach, es netzt die starken Hände
Stoß sie um, die letzten Wände
Holst das Glück, die Träume her

Endlich fühlst du dich geborgen
Du bist sicher und so leicht
Stark bist du und fern der Sorgen
Lachst ihn an den neuen Morgen
Denn du hast dein Ziel erreicht

Alte Frau

Sie denkt sehr selten nur an Morgen
Die alte Frau ist ohne Sorgen
Sitzt auf der Bank, vorm Haus, im Tal
Und es ist Frühling
Wiedermal

Im Sommer ziehts die Frau zum Garten
Sie will jetzt nicht mehr länger warten
Die Rosen und die Nelken blühn
Sie will nochmal im Tanz sich drehn

Der Herbst zieht ein, die Blätter fallen
Auch Vogelstimmen kaum noch hallen
Die alte Frau ruht sich nun aus
Und Nebel ziehen um ihr Haus

Die alte Frau ist alt geworden
Und jenes Jahr scheint fast gestorben
Der Winter längst am Fenster leckt
Die Bank vorm Haus
Von Schnee bedeckt